초등학생을 위한 박학다식 이야기
경제

글 - 김선

22년 차 현직 초등교사로 경제 교육 활성화를 위해 현장에서 노력하는 선생님입니다. 2023 서울머니쇼 강연 및 KDI 경제 수업 자료 개발에 참여하였습니다. 아이들의 용돈 교육을 주제로 학생·학부모·교사를 위한 강의 및 책 집필의 노력을 인정받아 2023년 경제교육대상 중소기업회장상을 수상하였습니다.

현재 유튜브 채널 <초등생활 디자이너>와 현직 초등교사들로 이루어진 '부자아이클럽'을 운영하며, 금융 문맹을 줄이기 위한 다양한 경제 교육 방법을 제시하고 있습니다. 집필 저서로는 《게임 현질하는 아이 삼성 주식 사는 아이》, 《초5 용돈 다이어리》, 《용돈, 시작부터 독립까지 용돈 잘 쓰는 법》, 《하루 한 장 초등 경제 신문》, 《초등학생을 위한 박학다식 이야기 : 경제》등이 있습니다.

읽으면 똑똑해지는 지식교양 시리즈 ④

초등학생을 위한
박학다식
이야기

경제

글 김선

좋은생각 어린이

추천사

OECD는 경제 교육이 어릴 때부터 시작되어야 한다고 강조합니다. 우리 아이 경제 교육, 어떻게 시작할 수 있을까요? 22년 차 현직 초등교사가 들려주는 재미있는 경제 이야기! 이 책은 '읽기-탐구-생각'의 체계적인 구성과 실생활 속 다양한 예시들을 통해 그 답을 제시합니다. 우리 아이의 건강한 경제 교육의 첫걸음서, 아이와 같이 일독을 권합니다.

- 신종호 (서울대학교 교육학과 교수)

《초등학생을 위한 박학다식 이야기 : 경제》는 우리 일상 속에 숨어 있는 경제 이야기를 재미있고 유익하게 풀어낸 책입니다. 저도 교실에 비치해 두고 반 아이들이 자유롭게 읽으며 경제 개념을 자연스럽게 익히도록 하고 싶을 만큼요. 이 책을 통해 많은 아이들이 경제에 대한 폭넓은 지식을 쌓고, 경제적 사고력을 키우길 기대합니다.

- 옥효진 (교사, 유튜브 <세금내는아이들> 운영자)

초등학생은 왜 경제를 배워야 할까요? 이 책은 낯선 경제 개념부터 기업과 국가의 가치가 우리 일상에 미치는 영향을 재미있게 풀이합니다. 아이들은 책에 등장하는 이야기를 일상에 적용하며, 스스로 생각하고 결정하는 힘을 기를 수 있습니다. 책을 읽는 동안 능동적으로 자신만의 가치를 찾아갈 아이들의 모습을 기대합니다.

- 이서윤 (교사, EBS 강사, 유튜브 <초등생활처방전> 운영자)

안녕하세요! 저는 곰곰이에요.
어린이 친구들과 즐겁게 공부하기 위해,
《초등학생을 위한 박학다식 이야기 : 경제》 곳곳에서 기다리고 있답니다!
《초등학생을 위한 박학다식 이야기》, 줄여서 초박이에서는
낯선 교과 개념을 재미있는 이야기로 풀이하고 있어요.
다양한 주제 글을 담은 <읽기의 힘>,
초등 교과 지식을 나누는 <탐구의 힘>,
주제를 넘어 지식의 폭을 넓히는 <생각의 힘> 코너를 지나며,
아이들이 스스로 탐구하고 생각할 수 있도록 돕지요.
과학, 사회, 역사 편을 거쳐 경제까지!
곰곰이 함께 재미있는 경제 이야기 살펴볼 준비되었나요??

머리말

여러분은 하루 중 가장 많이 하는 생각이 무엇인가요? 사랑하는 가족, 친한 친구, 귀여운 반려동물을 생각하면 마음이 따뜻해지고 기분이 좋아지지요? 생각은 마치 땅에 심는 씨앗과 같아서 좋은 생각을 할수록 긍정적인 사고가 자라고, 나쁜 생각을 할수록 부정적인 생각이 커진다고 합니다. 사람은 하루에 약 6만 가지의 생각을 한다고 하는데, 정말 놀랍지 않나요?

그렇다면 '돈'에 대해 여러분은 어떤 생각을 가지고 있나요? 어떤 친구들은 돈을 이용해 맛있는 간식을 사 먹거나, 좋아하는 장난감을 살 수 있게 해주는 것이라고 생각하며 기분이 좋아질 수도 있어요. 어떤 친구들은 저금통에 돈을 차곡차곡 모아 두었다가, 필요할 때 쓰는 모습을 떠올릴 수도 있지요. 또 어떤 친구들은 돈과 관련된 전래동화 속에서 욕심을 부리다 벌을 받는 이야기나, 복권에 당첨된 후 오히려 더 가난해진 사람들을 떠올릴 수도 있을 거예요.

하지만 사실, 돈 자체는 선하거나 악한 것이 아닙니다. 돈은 그것을 어떻게 사용하느냐에 따라 가치가 결정됩니다. 어떤 사람은 돈을 사용해 세상을 더 나은 곳으로 만들기도 하고, 또 어떤 사람은 돈 때문에 갈등을 겪거나 잘못된 선택을 하기도 하지요.

이 책은 초등학생인 여러분이 돈과 경제에 대해 긍정적인 경험을 할 수 있도록 돕기 위해 만들어졌습니다. 재미있는 경제 이야기를 통해 초등학생 시기에 꼭 알아두었으면 하는 스물다섯 가지 주제를 담았어요.

각 이야기 속에서 경제 개념을 배워가다 보면, 단순히 경제를 아는 것을 넘어 교과목을 아우르는 융합적 사고 능력을 기를 수 있을 거예요.

우리가 경제를 배우는 이유는 제한된 자원 속에서 합리적인 선택을 하며 더 행복한 삶을 살아가기 위함입니다. 돈을 현명하게 사용하면 필요한 것을 사고, 다른 사람을 돕고, 미래를 준비할 수 있기 때문이에요. 이것이 바로 《초등학생을 위한 박학다식 이야기 : 경제》가 탄생한 이유랍니다.

이 책을 통해 호기심 가득한 어린이들이 무한한 생각과 지식의 바다를 탐험하기를 진심으로 바랍니다.

2025년, 김선 선생님

# 차 례

추천사

머리말

01 물물교환의 달인, 카일 맥도널드 • 12
#물물교환 #잉여 자산 #욕망의 이중적 일치

02 동전이 사라지고 있다고요? • 18
#현금 없는 사회 #디지털 결제 #소액결제

03 아침에 보는 영화가 저렴한 이유 • 24
#이윤의 극대화 #조조할인 #합리적 소비

04 나이키의 경쟁 업체는 닌텐도? • 30
#대체재 #시간 점유율 #마케팅

05 착한 기업, 착한 소비 • 36
#ESG 경영 #가심비 #착한 소비

06 나라의 얼굴, 화폐 속 인물 • 42
#화폐 #액면 가치 #역사적 인물

07 돈을 내고 햇볕을 쬐어야 한다면?　• 48
#세금 #경제적 유인 #조세 저항 운동

08 실리콘 밸리의 악마, 기부 천사가 되다　• 54
#기부 #노블레스 오블리주 #재단 설립

09 아기상어와 뽀로로　• 60
#주식 #배당금 #상장 회사

10 고대 그리스에도 보험이?　• 66
#보험 #모험대차 #손해 보상

11 세상에서 가장 희소한 자원은?　• 72
#희소성 #수요와 공급 #자원의 무기화

12 해외여행 가기 전에 제일 먼저 해야 할 일　• 78
#달러 #환율 #수수료

13 책을 읽어 주는 직업이 있다고요? • 84
#산업 발달 #산업 혁명 #첨단 산업

14 함께 사는 세상, 품앗이 • 90
#경제 협력 #상부상조 #상호 의존 관계

15 여름 과일 포도를 겨울에도 먹어요! • 96
#보호 무역 #수출과 수입 #다국적 기업

16 황금 알을 낳는 거위 • 102
#기회비용 #합리적 선택 #지속 가능성

17 인플레이션 vs 디플레이션 vs 스태그플레이션 • 108
#통화량 #물가 #화폐 가치

18 1초짜리 광고가 있다고요? • 114
#광고료 #제품 홍보 #중간 광고 효과

19 음식 배달비가 공짜? • 120
#출혈 경쟁 #광고주 #락인 효과

20 국가 부도와 금 모으기 운동 • 126
#IMF #경제 위기 #금 모으기 운동

21 그리스 로마 신화 속 재물 이야기 • 132
#미다스의 손 #재물 #업신

22 뉴욕의 타임스 스퀘어, 한국의 명동 스퀘어 • 138
#경제 효과 #볼드랍 #랜드마크

23 올림픽은 얼마일까요? • 144
#고용 효과 #경제 성장 #가성비

24 최초의 저작권, 앤 여왕법 • 150
#지식 재산권 #불법 다운로드 #창작자

25 정보가 돈이 된대요! • 156
#빅 데이터 #정보의 불균형 #개인 정보

부록 어휘 찾아보기

물물교환의 달인, 카일 맥도널드

 빨간 클립 한 개로 불가능한 일을 이루어 낸 캐나다 청년이 있어요. 그의 이름은 카일 맥도널드입니다. 2005년, 카일은 더 크고 좋은 것으로 바꾸기(Bigger and better), 즉 물물교환 놀이를 시작했답니다. 시작은 빨간 클립 한 개였어요. 이 놀이를 통해 카일은 2층 집을 얻게 되었지요. 이 이야기는 책 《빨간 클립 한 개》로 만들어졌어요. 도대체 어떻게 클립 한 개로 집을 얻게 되었을까요? 이 이야기로 알아 볼 경제 개념은 '물물교환'입니다.
 물물교환이란, 돈으로 **매매**하지 않고 직접 물건과 물건을 바꾸는 일을 의미합니다. **잉여 자산**을 서로의 필요에 의해 교환하는 것이지요. 벼농사를 짓는 우리 집의 쌀과 **특용작물**을 재배하는 친구 집의 약초를 바꾸는 거예요. 이때

카일 맥도널드

쌀과 약초, 어느 것이 더 비싼 건지는 중요하지 않아요. 중요한 것은 '필요'랍니다. 만약 내 물건이 상대방에게 필요하지 않다면? 내 물건이 필요한 사람을 찾아야 할 테지요. 물물교환에서 중요한 것은 바로 이 부분입니다. 내 물건이 필요한 사람을 찾는 것이요!

 이야기의 주인공 카일 맥도널드는 클립을 볼펜, 볼펜을 수제품 문 손잡이와 바꾸었어요. 그리고 이 물물교환은 큰 변화로 이어집니다. 문 손잡이를 캠핑 **스토브**로 바꾼 것입니다. 여러분이라면 문 손잡이와 캠핑용 스토브를 교환할 건가요? 실제로 카일은 이 엄청난 호의에 의심을 품었다고 해요. '혹시 고장

이 나서 나한테 떠넘기려는 건가?' 하고요. 자신이 처음 물물교환을 할 때 빨간 클립 하나를 가져왔던 것은 까맣게 잊은 채로 말이지요. 캠핑 스토브의 주인이 정말 문 손잡이를 필요로 했는지, 아니면 카일의 프로젝트를 응원하기 위해 물물교환을 한 것인지는 정확히 알 수 없습니다. 하지만 물물교환은 서로의 필요에 따라 이루어진다고 했지요? 거래는 성공적이었습니다.

이후 카일은 캠핑 스토브를 발전기로, 즉석 파티 세트로, 스노모빌로, 야크 여행권으로, 큐브 밴으로, 음반 녹음 계약서로, 아파트 1년 무료 **임대권**으로, 유명 록 가수와 반나절을 보내는 권리로, 유명 록 밴드 로고가 있는 전동 스노우 글로브로, 영화 배역을 받는 출연권으로 교환했어요. 그리고 마침내 출연권으로 2층짜리 집을 갖게 되었지요.

대부분의 사람들은 물물교환으로 집을 얻게 된 카일 맥도널드를 운 좋은 성공 투자자로만 알고 있습니다. 그러나 그것이 전부는 아니랍니다. 카일은 집을 얻기 위해, 무려 1년 동안 열네 번의 물물교환을 거쳤어요. 또한 모든 과정을 자신의 블로그에 기록했습니다. 수많은 언론사가 취재를 희망했고, 그의 블로그에는 하루에 300만 명이 방문했지요. 그의 물물교환 놀이는 점점 더 많은 관심을 받게 되었어요.

가장 중요한 점은 그가 **시간이 지날수록 '더 특별하고, 더 희귀한' 물건을 찾아 나섰다는 것**입니다. 누구나 가질 수 있는 물건으로 시작해서 **아무나 가질 수 없는 권리로 가치를 확대**해 갔지요. 만약 클립과 비슷한 문구류로 계속 교환하거나, '**아나바다** 운동'에 입각해 물물교환을 했다면 2층 집은 절대로 얻지 못했을 거예요.

문해력 UP

- **매매**: 물건을 사고파는 일
- **잉여**: 쓰고 난 후 남은 것 〈유의어〉 나머지, 여분, 여유
- **자산**: 개인이나 법인이 가진 경제적 가치가 있는 재산 〈유의어〉 재산, 재물
- **특용작물**: 목화처럼 먹는 용도가 아닌 특별한 용도로 쓰이거나, 참깨처럼 가공하여 먹을 수 있는 식물
- **스토브**: 연료나 전기를 이용해 실내를 따뜻하게 하는 기구
- **임대권**: 물건을 빌려주는 사람이 가지는 권리. 물건을 빌려 쓰는 사람에게 보수 등을 요청할 수 있음
- **아나바다**: '아껴 쓰고 나누어 쓰고 바꾸어 쓰고 다시 쓰다'를 줄여 만든 이름

관련 교과	사회 3~4학년
개념명	생산과 교환

🔍 오늘날 우리는 왜 물물교환을 활발하게 이용하지 않을까요?

인간은 아주 옛날부터 물물교환을 활용했습니다. 농부의 농산물을 사냥꾼의 고기와 교환하는 방식이었죠. 시간이 지나 상업이 발전하면서 지역 간 물물교환은 더욱 활발해졌어요. 이로 인해 시장이 만들어졌고 상인들은 여러 지역을 다니며 상품을 교환했지요. 그러나 **물물교환은 물건을 가지고 다녀야 하는 불편함과 물건 보관이 힘들다는 한계가** 있었어요.

시장이 성장함에 따라, 교환 횟수가 늘어남에 따라, 물건의 가치를 객관적으로 바라볼 수 있게 되었어요. 기원전 3000년, 조금 더 쉬운 거래와 표준화된 가치 평가를 위한 최초의 화폐가 등장하게 되었답니다.

🔍 '욕망의 이중적 일치'(Double coincidence of wants)란 무엇일까요?

물물교환은 물건을 바꾸고자 하는 두 사람의 마음이 맞아야 이루어집니다. 경제학자 윌리엄 스탠리 제번스는 이를 '욕망의 이중적 일치'라고 불렀어요. 그러나 두 사람의 마음이 항상 같을까요? 여러분이 가진 물건을 학급에서 물물교환하는 날을 떠올려 보세요. 물건을 어느 정도 바꾸고 나면 "더 바꿀 물건이 없어요. 바꾸고 싶은 물건은 이미

다른 친구들이 가지고 갔어요."라고 이야기하는 친구들이 많아지지요. 교환하기 위해 가지고 온 물건이지만, 정말 무언가와 바꾸려니 아깝게 느껴지기도 하고요.

소규모 장터에서는 종종 물물교환으로 거래가 이루어져요.

사람은 내가 가지고 있다는 것만으로 물건을 실제 가치보다 높게 평가한다고 해요. 얻은 것의 가치보다 잃어버린 것의 가치를 크게 느끼기도 하고요. 많은 사람이 비슷하게 느낀다는 것이 신기하지요?

생각의 힘

물물교환은 경제와 환경에 긍정적인 효과를 가져와요. 흰색 면 티셔츠 한 장을 만드는 데에는 2천 7백 리터의 물이 필요하고, 청바지 한 장을 만드는 데에는 33킬로그램의 탄소가 배출된다고 해요. 새 물건을 구매하지 않고 교환을 통해 얻으면, 천연자원의 고갈을 방지하고 탄소 배출량을 줄일 수 있답니다. 결국 물물교환은 지속 가능한 소비 문화와 환경 보호에 기여해요. 자원의 낭비를 줄이고, 더 책임 있는 소비를 하도록 도와주지요.

여러분이 물물교환을 한다면, 어떤 물건으로 교환을 시작할 수 있을까요?

동전이 사라지고 있다고요?

 여러분은 편의점에서 과자를 살 때 현금과 카드 중에 어떤 것으로 결제를 하나요?
 최근에는 현금보다 카드를 가지고 다니는 학생들이 많아졌어요. 미성년자도 보호자의 동의하에 카드를 발급할 수 있게 되면서, 부모님 카드뿐 아니라 자신의 이름으로 된 카드를 쓰는 친구들도 늘어났지요. 동네의 작은 마트에서도 카드로 결제하다 보니, 동전을 거슬러 받는 모습을 찾아보기가 힘들어졌습니다.
 예전에는 카드를 발급받는 일이 무척 어려웠습니다. 그러다

1997년 **IMF** 외환 위기 이후 정부가 **조세 확보**를 위해 신용카드 사용을 장려하면서 많은 사람이 카드를 갖게 되었지요. 어느새 신용카드는 우리 경제 생활에 많은 부분을 차지하게 되었습니다. 대부분의 가정에서 동전과 지폐보다는 카드를 사용하는 경우가 많아졌어요.

디지털 결제의 편리함은 동전 사용을 더욱 줄어들게 했습니다. 온라인 쇼핑과 비대면 거래가 증가했고, 삼성페이, 카카오페이, 애플페이 등 결제 서비스가 발전하면서, 스마트폰으로 간편하게 결제할 수 있게 되었어요. 코로나-19 **팬데믹** 시기, 바이러스의 전파를 우려한 사람들은 더욱더 현금 사용을 피했어요.

아예 현금을 받지 않는 가게도, 거스름돈 대신 포인트로 입금 처리를 하는 곳도 생겨났지요.

 이제는 동전을 사용할 만큼의 소액 결제가 없다는 것도 동전이 사라지는 데에 한몫을 하고 있어요. 예전에는 10원짜리 껌이라도 있었지만, 요즘은 10원으로 살 수 있는 게 없지요. 이렇다 보니 길거리에 10원짜리 동전이 있어도 주워 가지 않는 경우가 많다고 합니다.

 옛날 10원짜리 동전은 만드는 데 20~30원의 값이 들었어요. 지금은 알루미늄에 구리를 도금해서 10원짜리 동전을 만드는데, 이것도 7~8원 정도가 쓰인다고 합니다. 정부 입장에서는 동전을 만드는 데에 쓰이는 금액을 줄이는 것이 이득이기에, '**현금 없는 사회**'를 더욱 장려하고 있답니다.

 그런데, 만약 여러분이 동전을 받게 된다면 살펴 보아야 할 것이 있습니다. 옛날 동전 중에는 '**희소성**'의 원

칙에 따라 원래의 값보다 가치가 큰 동전이 있거든요. 1982년, 이순신 장군 부분이 무광 처리된 100원을 딱 한 번 발행했는데, 지금 이 동전의 가치는 800만 원 정도라고 해요. IMF 이후 1998년에 발행된 500원은 딱 8천 개만 생산되어, 200만 원이 넘는 가격에 거래가 되기도 한답니다.

동전은 화폐의 가치뿐 아니라 당시의 경제적·사회적 변화를 반영하고 있어요. 그래서 이를 높이 평가하는 일부 사람들은 동전을 수집하기도 하지요.

문해력 UP

- **IMF**: 국제통화기금. 전 세계 경제 문제를 해결하기 위해 만들어진 조직
- **조세 확보**: 정부가 필요한 세금을 얻기 위해 세금을 부과하고 거두어들이는 과정
- **디지털 결제**: 전자 기기를 통해 상품과 서비스를 구매하는 결제 방식
- **팬데믹**: 사람들이 면역력을 갖고 있지 않은 질병이 전 세계로 전염, 확산되는 현상
- **현금 없는 사회**: 현금 대신 디지털 결제 수단과 전자 화폐로 모든 거래가 이루어지는 사회
- **희소성**: 많은 사람이 필요로 해 모두가 가질 수 없는 자원의 상태
- **개인 정보**: 개인을 알아볼 수 있는 정보. 이름, 주소, 주민 등록 번호, 전화번호 등

관련 교과	사회 5~6학년
개념명	디지털 결제

우리 사회가 '현금 없는 사회'에 가까워지는 이유 두 가지는 무엇일까요?

'현금 없는 사회'에는 여러 이유가 있어요. 그 중에서도 가장 대표적인 이유 두 가지는 카드와 모바일 앱 결제 시스템의 발전과 온라인 쇼핑의 인기예요. 현금을 가지고 다닐 필요 없이 카드와 모바일 앱으로 쉽게 결제할 수 있으니, 잔돈을 들고 다닐 일도, 돈을 잃어버릴 일도 없지요. 또 사람들은 직접 마트로 가지 않고 클릭 몇 번으로 집 앞까지 물건을 배송받는 편리함을 누리게 되었습니다. 이런 변화는 우리 생활을 더 빠르고 편리하게 만들어 주었지요. 그리고 점점 현금을 사용하지 않는, 현금 없는 사회로 나아가도록 만들었어요.

현금을 사용하는 것과 카드를 사용하는 것에는 어떤 장단점이 있을까요?

현금 사용과 카드 사용에는 장단점이 있어요. 현금 사용의 가장 큰 장점은 돈을 가지고 있는 만큼만 사용할 수 있다는 것입니다. 남은 돈이 눈에 보이니, 과소비를 예방할 수 있게 되지요. 다만 큰 금액은 가지고 다니기 불편하고 도난의 위험이 있을 수 있어요. 반면 카드는 결제가 편리하고 다양한 혜택과 포인트 적립 등 추가 혜택을 받을 수 있다는 장점이 있습니다. 하지만 **개인 정보**나 거래 정보가 해킹 당할 수도 있다는 단점이 있어요. 따라서 각각의 장단점을 고려하여 상황에 맞게 적절히 사용하는 것이 중요합니다.

생각의 힘

현금 없는 사회로 변화함에 따라 노인과 저소득층처럼 스마트폰과 카드 사용에 익숙하지 않은 집단은 소외될 위험이 커지고 있어요. 실제로 디지털 결제가 어려운 나머지 필요한 물건을 구매하지 못하거나 서비스를 이용하지 못하는 사람들이 생겨나고 있습니다. 최근에는 키오스크 주문처럼 현금 결제 자체가 불가능한 디지털 결제 수단이 주가 되고 있어요. 자칫하면 이런 급작스러운 변화가 디지털 결제에 어려움을 겪는 이들을 사회로부터 점점 더 멀어지게 만들지는 않을까요? 이를 막기 위해서는 사회적 지원이 필요합니다. 디지털 결제 방법에 대한 교육을 진행하고 다양한 결제 수단으로 결제할 수 있도록 해야겠지요.

현금이 완전히 사라진 사회는 어떤 모습일까요?

아침에 보는 영화가
저렴한 이유

    같은 제품이지만 구매 시간 혹은 구매 장소에 따라 가격이 다른 경우가 있습니다. 왜 그런 것일까요? 만약 동네에 과자를 파는 가게가 단 한 곳 뿐이라면, 가게는 가격을 고민할 필요가 없을 거예요. 동네 모든 아이가 그 가게에서 과자를 살 수밖에 없으니까요. 하지만 현실은 그렇지 않습니다. 과자를 살 수 있는 가게가 셀 수 없이 많기 때문에 가게들끼리 경쟁을 하지요.

    이럴 때, 할인을 하는 듯 고객의 시선을 끌어 더 많은 물건을 구매하도록 하는 방법이 있습니다. 이는 가게의 손해인 것처럼

보이지만, 실제로는 가게에 손해가 없는 판매 **전략**이지요. **조조할인**, **아울렛**, 1+1전략이 대표적입니다.

조조할인은 아침 일찍 영화관에 가면 받을 수 있는 할인입니다. 예를 들어, 낮에 영화를 보러 가면 1만 원인데, 아침에는 7000원에 볼 수 있는 거죠. 저렴한 가격에 영화를 보기 위하여 사람들은 피곤함을 이겨 내고 아침 일찍 일어나 영화관에 갑니다. 조조할인은 소비자 입장에서는 특별한 할인으로, 영화관 입장에서는 아침 시간대에 비어 있는 좌석을 채울 효과적인 전략으로 활용되지요. **많은 사람이 몰리는 시간대에 영화관에 오는 고객을 분산**함으로써 영화관은 더 많은 수익을 거둘 수 있습니다.

아울렛은 다양한 브랜드의 제품을 모아 판매하는 곳입니다.

일반적으로 정가보다 저렴하게 살 수 있고, 세일하는 날이 많아서 적절한 가격에 좋은 물건을 구입할 수 있어요. 같은 제품인데도 백화점보다 아울렛이 더 싼 이유는 무엇일까요? **아울렛은 주로 외딴 곳에 위치해 부지** 비용이 저렴합니다. **또 창고 형태의 매장으로 재고를 보관하는 데에 드는 비용을 줄일 수 있지요.** 브랜드에서 만든 제품이 생각보다 많이 팔리지 않았을 경우, 아울렛에서 싸게 판매하는 방식으로 재고를 처리할 수도 있습니다.

1+1은 제품을 하나 사면 하나 더 받는 행사이지요. 여러분도 음료수 하나를 샀는데 하나를 더 받은 경험이 있지요? 두 개의 제품을 한 개의 가격에 제공하니 소비자는 구매를 망설이지 않습니다. 이 방식은 **고객의 구매를 유도하고 재고를 빠르게 팔 수 있답니다.**

이처럼 회사는 여러 이유로 같은 제품을 다른 가격으로 판매합니다. **이윤**의 **극대화**를 위해 가격에 차이를 두는 것이지요. 방학 전에는 20만 원이던 숙소가 방학을 하면서부터 40만 원으로 오르는 것도 마찬가지입니다. 온 가족이 휴가를 갈 수 있는 날이 정해져 있으니, 비싼 돈을 내고서라도 다녀올 수 밖에 없지요. 반대로, 사람들이 몰리지 않는 때에는 좀 더 저렴한 가격으로 소비자의 시선을 끈답니다.

　같은 제품이라도 어떤 때에, 어느 곳에서 사느냐에 따라 가격이 달라질 수 있습니다. 그래서 쇼핑을 할 때는 어떤 할인 방식이 나에게 가장 좋은지 잘 생각해 보는 것이 중요하답니다.

문해력 UP

- **전략**: 정치, 경제 따위의 사회적 활동을 하는 데 필요한 꾀나 방법
- **분산**: 갈라져 흩어짐. 또는 그렇게 되게 함　유의어 확산
- **부지**: 건물을 세우거나 도로를 만들기 위하여 마련한 땅
- **이윤**: 장사 따위를 하여 남은 돈
- **극대화**: 아주 커짐. 또는 아주 크게 함

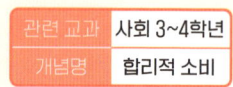

| 관련 교과 | 사회 3~4학년 |
| 개념명 | 합리적 소비 |

같은 상품인데 가격 차이가 생기는 이유는 무엇인가요?

똑같은 기름이어도 주유소마다 가격이 다른 것을 본 적 있나요? 기름은 주유소별로 다른 경로와 시간을 거쳐 우리에게 도착합니다. 주유소가 위치한 땅의 비용과 주유소 직원의 월급도 주유소마다 차이가 있지요. 따라서 저렴할 것이라고 생각했던 지역의 기름이 생각보다 비싼 경우도 있답니다. 주유소에서 계획한 판매 전략과 남은 기름의 양에 따라 가격이 조정될 수도 있습니다. 주변에 딱히 다른 주유소가 없는 경우, 가격을 올릴 수도 있어요. 혹은 기름이 오래되어 더 이상 판매할 수 없는 날이 다가오는 경우에는 기름을 빠르게 팔고자 가격을 내릴 수도 있답니다. 이처럼 제품의 가격은 많은 것에 영향을 받습니다. 제품의 가격이 적절한지 알아보려면, 어떤 것이 가격에 영향을 주었을지 생각해 보아야겠지요.

1+1 행사는 항상 좋은 걸까요?

마트에서는 1+1 행사를 자주 진행합니다. 입구에 들어서자마자 눈에 띄게 진열되어 자연스럽게 손이 가지요. 마치 하나를 공짜로 받는 것 같은 느낌이 들기도 합니다. 그러나 우리는 이를 잘 살펴보아야 합니다. 실제로 계산해 보면 하나를 샀을 때와 크게 가격 차이가 나지 않거나, 유통기한이 짧아 미처 소비할 수 없는 경우도 있지요. 물건을 구매할 때에는 마케팅에 흔들리기보다 소비자의 입장에서 정말 좋은 제안인지 잘 따져 보고 구매해야 합니다.

생각의 힘

사람들은 저렴한 물건만을 고를까요? 명품을 사는 이유는 무엇일까요?

명품은 다른 사람들에게 자신의 부를 뽐내는 방법으로 활용되기도 합니다. 어떤 명품은 장인의 수고로 한정된 양만큼만 만들어져 무척 고가에 판매됩니다. 공장에서 대량으로 생산된 제품이 아닌, 손으로 만든 제품의 희소성 때문에 금액이 더욱 비싸지는 것이지요. 돈이 있어도 사지 못하는 명품 시계, 스포츠카는 그런 이유로 구매 욕구를 불러 일으킵니다. 또한 그것을 가진 사람들끼리의 유대감도 강하지요. 사람들은 저렴한 가격뿐만 아니라, 자신의 가치관과 사회적 인정 등을 이유로 물건을 구매하기도 한답니다.

저녁 마감 시간이 다가오면 대형 마트에서는 재고를 싼 가격에 풀어요. 소비자는 더 많은 할인 혜택을 누릴 수 있지요.

나이키의 경쟁 업체는 닌텐도?

나이키는 미국의 유명한 스포츠 용품 회사입니다. 나이키는 그리스 신화 속 날개가 달린 승리의 신 '니케'에서 유래한 이름입니다. 실제로 나이키의 로고는 니케의 날개에서 영감을 얻어 만들어졌으며, 미국 **본사**에는 니케 조각상도 있다고 합니다. 나이키는 2024년 12월 기준, 약 160조 원의 **시가총액**을 가진 거대한 기업입니다. 현재 미국을 대표하는 기업 중 하나이자, 전 세계 스포츠 용품 시장에서 **독보적**인 1위 기업이지요. 그러나 처음부터 1위 기업인 것은 아니었습니다. 나이키는 이미 선

두를 달리고 있는 아디다스를 이기기 위해 다양한 노력을 했는데, 가장 큰 효과를 거둔 것은 브랜드 광고였습니다. 당시 유명 농구선수인 마이클 조던과 **협업**으로 제작한 에어 조던 시리즈가 성공하며 인기가 급상승했습니다. 또한 비틀즈의 노래 〈레볼루션〉을 광고에 사용하면서 2년 만에 매출이 두 배로 늘어났어요. 이후에도 타이거 우즈, 호나우두, 크리스티아누 호날두 등 여러 스타와의 협업 마케팅으로 1등의 자리를 굳건히 했답니다.

 1994년부터 1998년까지 5년 연속 세 배 이상의 성장률을 기록하던 나이키는 2000년대 중반이 되자 성장이 느려지기 시작했습니다. 매출이 감소한 나이키는 바로 경영 **혁신**에 돌입했지요. 이때 나이키는 아디다스, 퓨마, 리복과 같은 스포츠 용품 회사를 경쟁 상대로 정하지 않았습니다. 소니, 닌텐도, 애플 등 게임 회사를 새로운 경쟁 상대로 정했지요. **스포츠 용품 회사가 게임 회사와 경쟁한다니, 어떻게 된 일일까요?**

　나이키는 청소년들이 닌텐도 게임에 몰두하면서 운동화를 신고 나가지 않는다는 사실에 집중했습니다. 특히 닌텐도 Wii 게임의 성공은 나이키에 치명적이었습니다. 집에서 맨발로 운동할 수 있는 게임인 만큼, 굳이 운동화와 스포츠 용품이 필요하지 않았거든요. **나이키의 최대 목표는 사람들을 운동장으로 끌어내는 것이 되었습니다.** 나이키는 '나이키 플러스'라는 서비스를 출시하여, 사용자가 운동한 거리, 소요 시간, 강도 등을 눈으로 볼 수 있게 했어요. 서로 다른 곳에서 운동하는 사용자끼리 기록을 공유할 수도 있었지요. 나이키는 사람들에게 운동하는 재미와 동기를 부여해 **운동의 게임화**를 이루어 냈어요.

스포츠 용품 회사가 게임 회사를 경쟁 업체로 삼은 이유는 나이키의 주 타깃이 게임 회사의 주 고객인 청소년이기 때문입니다. 스포츠 업계와 게임 업계는 고객 시간 차지를 두고 경쟁해야 했어요. **이는 동종 업계끼리 벌였던 '시장 점유율' 경쟁이 업종 간 '시간 점유율' 경쟁으로 바뀌었다는 것을 의미합니다.** 닌텐도는 나이키의 **대체재**가 된 것이지요. 한정된 소비자의 시간과 돈을 끌어들이기 위한 마케팅 경쟁이 치열한 가운데, 소비자는 과연 어떤 제품을 선택할까요?

문해력 UP

- **본사**: 주가 되는 회사
- **시가총액**: 증권 거래소에 등록된 증권 모두를 그날의 최종 시세로 평가한 금액
- **독보적**: 남이 감히 따를 수 없을 정도로 뛰어난 것
- **협업**: 많은 노동자가 협력하여 계획적으로 노동하는 일 유의어 합작, 협동
- **혁신**: 묵은 풍속, 관습, 조직, 방법 따위를 완전히 바꾸어서 새롭게 함
- **시장 점유율**: 경쟁 시장에서 한 상품의 총 판매량에서 한 기업의 상품 판매량이 차지하는 비율
- **시간 점유율**: 기업이 시장에서 고객의 시간을 차지하는 정도를 나타내는 비율
- **대체재**: 대신하여 사용할 수 있는 비슷한 두 물품

관련 교과	사회 5~6학년
개념명	대체재

🔍 기업에게 경쟁 업체가 왜 중요할까요?

기업에서 소비자가 제품이나 서비스를 선택하도록 유도하는 일을 '마케팅'이라고 해요. 마케팅에서는 경쟁 업체를 선정하는 것이 아주 중요하지요. 경쟁 상대에 따라 마케팅 대상과 전략이 달라지거든요. 만약 나이키가 스포츠 용품 회사를 경쟁 업체로 삼았다면, 시간 점유율의 중요성을 고려하거나 그에 따른 마케팅 전략을 짜지 못했겠지요.

지나친 경쟁이 불러오는 부작용은 경쟁을 부정적으로 보게 만듭니다. 하지만 '선의의 경쟁'은 오히려 기업의 성장에 도움이 된답니다. 그렇다면 선의의 경쟁이란 뭘까요? **일반적인 경쟁자가 '적'이라면, 선의의 경쟁자는 '라이벌'이에요.** 서로를 공격하기보다, 고객에게 더 나은 제품과 서비스를 제공하기 위해 경쟁하지요. 음료 회사인 코카콜라와 펩시, 스티브 잡스의 애플과 빌 게이츠의 마이크로소프트 등 라이벌로서 함께 성장한 사례가 많습니다.

🔍 대체재는 우리 경제에 어떤 영향을 끼칠까요?

대체재는 동일하거나 비슷한 용도로 사용될 수 있는 제품을 말해요. 어떤 물건의 가격이 상승하면 그것을 대신할 수 있는 물건을 찾는 사람이 많아지지요. 자동차와 대중교통으로 예를 들어 볼까요? 기름값이 오르면 자동차를 타는 사람이 줄고, 대중교통을 이용하는 사람이 늘어나요. 자동차와 대중교통

은 서로를 대신할 수 있는 대체재랍니다. 또 다른 예시로는 버터와 마가린, 콜라와 사이다, 커피와 차 등이 있지요.

　대체재는 소비자가 가격, 품질, 용도, 취향, 예산에 맞게 상품을 선택할 수 있도록 선택권을 보장해 줍니다. 서로를 견제하며 특정 상품의 가격이 지나치게 오르거나 낮아지지 않도록 균형을 잡아주는 역할도 한답니다.

생각의 힘

　국내 한 조사에 따르면 2024년 주요 온라인 동영상 서비스(OTT 애플리케이션) 순 사용자가 2천만 명을 넘었다고 해요. 한국인이 가장 많이 사용하는 애플리케이션은 '유튜브(33.6%)'이며, 우리에게 친숙한 유튜브, 카카오톡, 인스타그램, 네이버 애플리케이션의 시간 점유율을 모두 합치면 57.7%나 된다고 합니다.

　나이키의 대체재가 닌텐도였던 것처럼 책, 스포츠 용품, 시계, 컴퓨터 등의 대체재가 스마트폰과 애플리케이션이 될 수 있지 않을까요? 이것이 시장 점유율보다 시간 점유율을 중요하게 다뤄야 할 이유겠지요.

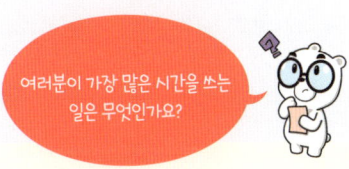

여러분이 가장 많은 시간을 쓰는 일은 무엇인가요?

착한 기업,
착한 소비

뉴스나 신문에서 'ESG' 경영이라는 말을 본 적 있나요? **ESG란 환경(Environmental), 사회(Social), 지배 구조(Governance)를 합친 말이에요.** ESG 경영이란, 기업이 환경과 사회에 미치는 영향을 고려하고, 투명한 경영을 위해 힘쓰며, 지속 가능한 발전을 추구하는 것을 의미하지요.

최근 조사에서 MZ세대 열 명 중 여섯 명은 가격이 비싸더라도 ESG 경영을 실천하는 기업의 제품을 구매하겠다고 답했다고 해요. 이제 소비자들은 구매를 통해 자신의 의사를 표현

합니다. 만약 어떤 회사가 돈을 벌기 위해 환경을 파괴하고, 근로자의 인권을 무시하며, 재정을 불투명하게 운영한다면? 소비자들은 해당 기업의 물건을 사지 않는 **불매운동**을 벌일 수도 있지요.

이는 최근 소비자의 소비 심리를 반영하는 신조어 '**가심비**'와 연결할 수 있어요. 저렴한 가격으로 최고의 품질을 추구하던 **가성비**를 벗어나, 자신의 신념과 가치를 반영한 물건을 구매하는, 즉 **심리적 만족감을 주는 소비를 선호하게 된 것이지요**. 따라서 기업들은 ESG를 실천하여 소비자에게 긍정적 이미지를 전달하고, 제품을 구매하도록 유도하고 있답니다.

ESG를 실천하는 기업들은 계속해서 늘어나고 있어요. ESG의 세 가지 요소 중 하나인 '환경'은 기업이 특히나 많은 관심을 기울이는 부분이에요. 다수의 기업이 환경 오염을 줄이기 위해, **탄소 배출량**을 관리하고 있습니다. 우리나라의 대표적 화장품 기업인 아모레퍼시픽은 1993년 '태평양 그린운동'을 선언했어요. 제품의 개발, 생산, 유통, 소비, 폐기 단계가 환경에 미치는 영향을 조사하고, 탄소 배출량을 줄이기 위해 노력하고 있지요.

케첩으로 유명한 오뚜기는 기업의 사회적 책임을 고려하여 장애인의 일할 권리를 보장하고 고용을 확대하기 위해 한국 장애인 고용 공단과 협약을 맺었어요. 장애인 근로자 전원을 **정규직**으로 채용하기도 했답니다. 또한 컵라면 업계 최초로 컵라면에 점자 스티커를 부착해 시각 장애인이 편하게 컵라면을 찾고 구매할 수 있도록 했지요.

LG전자는 재생 에너지 사용 확대와 다양한 사회 공헌에 더불어, 투명하고 책임감 있는 경영을 위해 노력하고 있습니다. ESG를 향한 다양한 노력은 소비자가 기업에 좋은 이미지를 갖게 했지요.

이제 소비자들은 일자리를 많이 제공하는 회사만을 좋은 회사라고 생각하지 않습니다. 환경을 보호하고 사회적 책임을 다하며 투명한 경영을 실천하는 회사를 원하고 있지요. 앞으로도 소비자는 동물 복지를 실천하거나 친환경 제품을 사용하는 회사, 사회적 약자를 고려하고 투명한 경영을 하는 회사를 '**착한 소비**' 할 거예요. 이런 소비자의 결단은 기업이 지속적으로 ESG를 실천하도록 영향력을 발휘할 수 있답니다.

문해력 UP

- **불매운동**: 어떤 특정한 상품을 사지 않는 일. 보통 그 상품의 제조 국가나 제조업체에 대한 항의나 저항의 뜻을 표시하기 위한 행위 또는 행동
- **가심비**: 가성비뿐 아니라 심리적 만족감까지 채워주는 소비 형태
- **가성비**: '가격 대비 성능의 비율'을 줄인 말. 상품의 가격 이상으로 기대할 수 있는 성능
- **탄소 배출량**: 건설, 화석 연료 사용 등에 의해 공기 중으로 배출되는 탄소의 양
- **정규직**: 기간을 정하지 않고 정년까지 고용이 보장되는 직위나 직무
- **착한 소비**: 제품 생산 과정에서 환경을 오염시키지는 않았는지, 안정성 확인을 위해 동물 실험을 하지는 않았는지 확인하여 해당 사항이 없는 제품을 소비하는 일
- **장려금**: 어떤 일을 하도록 권하기 위해 도와주는 돈

관련 교과	도덕 5~6학년
개념명	ESG 경영

가성비와 가심비 중에 어떤 것이 더 중요하다고 생각하나요? 물건을 구입할 때를 떠올리며 이야기해 봅시다.

운동화를 산다고 가정해 봅시다. 가성비를 중요시하는 친구라면 저렴한 가격에 좋은 품질의 운동화를 선택하겠지요. 반면 가심비를 중요하게 생각하는 친구라면 좋아하는 브랜드의 운동화를 구매하거나, 비싸더라도 마음에 드는 디자인의 운동화를 선택할 거예요. 어느 한 가지 방법만 선택해야 하는 것은 아니에요. 일상에서는 가성비를 고려하여 물건을 구매하고, 특별한 날에는 가심비를 기준으로 물건을 구매할 수도 있지요.

ESG를 실천하는 회사가 많아진 이유를 설명해 봅시다.

기업이 ESG를 지키는 것은 매우 중요해졌어요. 왜냐하면 소비자들이 환경과 사회에 긍정적인 영향을 끼치는 기업을 선호하게 되었기 때문이지요. 따라서 기업은 소비자가 원하는 친환경 제품을 만들어 사회에 기여하고자 노력해요. 사회적 책임을 다하면서 경영 구조까지 안정적인 기업이라면 투자자가 몰리겠지요. 많은 기업이 이러한 흐름을 따르고 있답니다. 또한 정부가 ESG 기업에게 주는 세금 혜택과 **장려금**

도 ESG에 동참하는 기업이 늘어나는 이유입니다.

생각의 힘

동물 복지를 실천하는 기업을 알고 있나요? 우리가 자주 접하는 달걀을 자세히 보면 번호가 적혀 있어요. 이를 '난각 번호'라고 해요.

난각 번호 3, 4번 달걀은 동화 《마당을 나온 암탉》에 나온 것처럼 여섯에서 여덟 마리의 닭을 한 철장에 넣어 쌓아 올린 열악한 구조에서 나온 달걀이에요. 이 닭은 평생 땅을 밟아 보지도 못한 채 달걀만 낳다가 죽게 돼요. 반면 난각 번호 1번 달걀은 땅에서 자유롭게 움직이며 건강하게 자란 닭이 낳은 것이지요.

소비자는 달걀을 선택할 때 사육 방식이나 복지를 고려해서 착한 소비를 할 수 있어요. 동물 복지를 실천하는 기업은 고객의 신뢰와 더불어 지속 가능한 경영을 할 수 있지요.

가축에게 불필요한 고통, 스트레스를 주지 않는 '동물 복지' 축산물 소비가 늘어 나고 있어요.

나라의 얼굴,
화폐 속 인물

왜 **화폐**에는 인물이 그려져 있을까요? 화폐 속 인물은 국가를 상징하는 역사적인 업적을 가진 훌륭한 위인입니다. 역사적 사실뿐 아니라, 사회적·문화적·정치적·경제적 이유가 화폐의 인물을 선정하는 데에 영향을 주지요. **나라의 위인이 그려진 화폐는 국민에게 자긍심을 주고, 국가의 정체성을 강화하는 중요한 역할을 한답니다.** 따라서 화폐는 나라의 얼굴과 같아요.

우리나라 화폐에는 이순신(100원), 퇴계 이황(1000원), 율곡 이이(5000원), 세종대왕(1만 원), 신사임당(5만 원)의 초상화가

들어가 있습니다. 모두 우리나라를 대표하는 조선시대 인물입니다. 미국은 1센트부터 100달러까지 총 열두 종류의 화폐를 사용하는데, 이중 1달러, 2달러, 10달러, 100달러에는 모두 독립운동가의 모습이 담겨 있어요. 영국의 식민지였던 미국이 1776년 7월 4일 독립을 선언하고, 이후 7년 간 **독립전쟁**을 통해 독립을 이뤄 낸 사실을 기념하는 것이지요. 영국의 식민지였던 인도의 화폐에는 비폭력 불복종 운동을 벌인 독립운동가 간디가, 중국으로부터 독립한 몽골의 화폐에는 독립운동가 수흐바타르가 그려져 있답니다.

　이렇듯 독립으로 자주권을 되찾은 나라의 화폐에는 독립운동가의 모습이 자주 보입니다. 일본으로부터 독립한 역사를 가지고 있는 우리나라. 우리나라 화폐에서는 왜 독립운동가의 얼굴을 볼 수 없는 걸까요?

　우리나라도 화폐에 독립운동가의 초상화를 넣으려고 시도한 적이 있습니다. 5만 원권 발행 전, 지폐에 들어갈 인물의 후보로 신사임당과 함께 유관순 열사가 제시되었지요. 발행 자체가 무산된 10만 원권에는 우리나라의 독립을 이끈 김구 선생이 추천되었다고 해요.

　2024년 7월, 일본은 20년 만에 새로운 단위의 지폐 만 엔권을 만들어 시부사와 에이이치의 초상화를 집어넣었습니다. 그는 일제강점기 일본이 우리나라의 경제를 침탈하는 데 기여한 인물이지요. 화폐에 그려진 인물은 아주 엄격한 과정 끝에 결정되며, 국가의 중요한 역사적 가치를 상징하고 있습니다. 우리가 화폐에 관심을 가지고, 신중한 결정을 해야 하는 이유입니다. 다음에 우리나라에서 발행될 화폐에는 어떤 인물이 들어가는 게 좋을까요? 우리나라를 지키기 위해 힘쓴 독립운동가의 얼굴을 새겨, 그 업적을 오래도록 기억해 보는 건 어떨까요?

문해력 UP

- **화폐**: 상품 교환 가치의 기준이자 상품과 교환할 수 있는 수단
- **자긍심**: 스스로에게 긍지를 가지는 마음
- **정체성**: 변하지 않는 본질을 깨닫는 성질
- **독립전쟁**: 다른 나라의 속박으로부터 벗어나 완전한 자주권을 갖기 위해 일으키는 전쟁
- **액면가**: 화폐의 겉면에 적힌 가격
- **인플레이션**: 시장에 화폐가 너무 많아져 화폐 가치가 떨어지고, 물건의 값이 오르며, 대중의 소득이 감소하는 현상
- **하이퍼 인플레이션**: 짧은 시간 안에 물가가 심하게 오르는 현상

관련 교과	사회 5~6학년
개념명	역사적 인물

화폐 속 인물은 화폐의 금액이 클수록 중요한 걸까요?

화폐 속 인물을 결정하는 것은 중대한 일입니다. 화폐 속 인물이 대표하는 가치와 역사적 의미는 화폐를 사용하는 국민들에게 정체성과 자긍심을 심어 주거든요. 금액마다 다른 인물이 그려져 있으니, '낮은 금액 속 인물이 높은 금액의 인물보다 중요하지 않은 걸까?' 하고 생각할 수 있지요. 하지만 화폐의 **액면가**가 위인의 가치를 의미하지는 않습니다. 예를 들어, 100원에 이순신 장군이 들어간 까닭은 이순신 장군이 우리가 자주 사용하는 동전에 그려져야 할 만큼 중요한 인물이기 때문이라는 시각도 있어요. 따라서 화폐의 가치에 따라 화폐 속 인물의 중요도가 정해진다고 볼 수는 없답니다.

'행운의 2달러'란 무엇일까요?

미국의 제3대 대통령인 토머스 제퍼슨이 그려진 2달러는 '행운의 2달러'라고 불립니다. 2달러가 처음 발행되었을 때, 2달러는 행운을 상징하기는커녕 사람들의 호감조차 얻지 못했다고 해요. 1달러가 두 장만 있으면 2달러가 되니 굳이 2달러를 사용할 필요가 없었기 때문이지요. 이에 따라 2달러는 수집용으로서 가치를 지니게 되었답니다.

2달러가 '행운'을 상징하게 된 이유에는 여러 설이 있습니다. 숫자 2를 좋아했던 미국 서부 개척 시대 이야기, 2달러 지폐를 가진 사람만이 생존했다는 이야기, 2달러를 받은 유명 여배우가 왕비가 된 이야기, 2달러 한 장을 찢어 나눠 가지면 언젠가 다시 만

난다는 이야기 등 다양한 소문과 함께, 몇 차례 발행되지 않은 2달러의 희소성은 2달러의 인기를 증가시키는 계기가 되었지요. 특히 특별한 일련번호를 가진 2달러는 수집가에 의해 높은 가치로 평가된다고 해요. 여러분도 행운의 2달러를 가지게 되면 좋겠지요?

생각의 힘

화폐를 마구 찍어 내면 어떻게 될까요? 화폐를 마구 찍어 내면 경제에 악영향을 끼칠 수 있어요. 시장에 화폐의 양이 많아지면 화폐의 가치가 떨어져요. 같은 상품을 구입하더라도 더 많은 돈을 지불해야 하지요. 경제적 부담이 생기니 사람들은 소비를 줄이고, 회사는 고용을 줄입니다. 이러한 현상을 **인플레이션**이라고 해요. 만약 화폐를 극단적으로 많이 찍어 내면 **하이퍼 인플레이션**을 겪게 되는데 이는 국가의 위기까지도 초래할 수 있어요.

> 하이퍼 인플레이션으로 어려움을 겪은 나라는 어디일까요?

돈을 내고 햇볕을 쬐어야 한다면?

세금이란, 나라에 필요한 돈을 위하여 국민이 의무적으로 내야 하는 돈이에요. 우리의 자유와 권리를 지켜주는 나라가 제대로 운영되려면 세금이 있어야 하지요. 정덕재라는 시인은 자신의 시에 "존재가 세금이다"(《간밤에 나는 악인이었는지 모른다》(걷는사람))라고 쓰기도 했어요. 그만큼, 국가는 우리 생활 곳곳에 세금을 매긴답니다. 만약 나라에 더 많은 **재정**이 필요하다면? 더 많은 세금을 걷기 위한 방법을 생각해 내겠지요.

누구에게나 주어진 햇빛. 이 빛을 포기하게 만든 세금도 있

프랑스 건물의 창문

었어요. 프랑스의 왕, 필립 4세가 처음 시도한 '창문세'랍니다. 창문세란, 창문 폭에 따라 세금을 **부과**한 것입니다. 영국에서도 창문세를 시행했는데, 창문이 많을수록 부자라고 생각하여 창문 수에 따라 세금을 부과했답니다. 여러분이 창문세를 내야 한다면 어떻게 할 것 같나요? 당시 사람들은 빛을 포기해 버렸습니다. 창문 폭을 줄이거나, 벽돌로 창문 폭을 막아 버린 것이지요.

   자신의 몸조차 마음대로 하지 못 하게 만든 세금도 있었습니다. 러시아의 '수염세'인데요. 러시아 황제 표트르 대제는 근대화를 이유로, 러시아 귀족이 자랑으로 여기던 긴 수염에 세금을 매겼어요. 수염을 유지하려면 세금을 지불하고, 수염을 기를 수 있다는 증서를 받아야 했습니다. 결국 대부분의 사람이 수염을 포기하게 되었지요.

이렇게 경제적 요인으로 사람들의 행동을 막거나, 유도하는 것을 **경제적 유인**이라고 합니다. 세금에 따라 사람들의 행동과 선택이 특정한 방향으로 향하게 되지요. 특히 벌금, **과태료**와 같이 금전적 피해가 예상되면, 사람들은 이를 피하기 위해 나라가 원하는 쪽으로 움직이게 된답니다.

우리나라는 **조세 저항 운동**을 벌인 적이 있어요. 일제강점기에 일본이 부과한 과도한 세금 때문입니다. 처음에는 열 개 정도였던 세금이 서른다섯 개까지 늘어났지요. 내야 하는 금액도 처음보다 사십 배 이상 증가했고요. 개를 키우는 것에도 '축견세'라는 이름의 세금을 부과했다고 해요. 자유와 권리는 보장해 주지 않으면서 세금만 늘어나자 사람들의 불만이 쌓여갔지요. 결국 우리나라 사람들은 일본 정부에 세금을 내는 것을 거부했어요. 이러한 조세 저항은 독립운동으로 이어지게 되었답니다.

이렇게 세금이 너무 많아져 극한의 상황에 이르면 사람들은 더 이상 세금 내는 것을 원하지 않게 됩니다. **따라서 나라는 국민들이 납득할 수 있으면서, 납부 가능한 수준의 세금을 매겨야 해요.**

현재, 우리나라 국민은 세금을 얼마나 내고 있을까요? 우리나라는 **국세** 열네 종류, **지방세** 열한 종류를 포함해 총 스물다섯 가지의 세금이 있어요. 이 중에서 소득세, 법인세, 부가가치세가 전체 국세의 70% 이상을 차지하지요. 물건 값에 포함되어 있는 부가가치세는 우리가 물건을 구매하는 순간 내는 것이랍니다.

문해력 UP

- **재정**: 단체나 국가가 재산을 관리하며 사용하는 것 또는 그 운영 상태
- **부과**: 세금이나 내야 할 의무가 있는 금액을 매겨 부담하게 함
- **경제적 유인**: 사람들의 행동이나 선택을 특정 방향으로 움직이게 하는 경제적 원인
- **과태료**: 의무를 지키지 않거나 질서를 위반한 사람에게 벌로 물게 하는 돈
- **조세 저항 운동**: 부과되는 세금에 대한 거부 운동
- **국세**: 국가가 국민으로부터 거두는 세금
- **지방세**: 지방 자치 단체가 그 주민에게 물리는 세금

관련 교과	사회 5~6학년
개념명	세금

🔍 일본을 향한 조선의 조세 저항 운동은 어떻게 독립운동으로 이어졌을까요?

일본은 1920년 특별 회의 이후, 우리나라에 대대적인 탄압을 가했어요. 이를 계기로 본격적인 소작쟁의가 일어나게 됩니다. 소작쟁의란, 땅이 없는 가난한 농민이 땅 주인에게 좀 더 나은 처우를 요구하며 벌이는 농민 운동입니다. 대표적으로 1923년 약 1년간 이어진 '암태도 소작쟁의'를 들 수 있어요. 전라남도 신안군 암태도에서 농민들이 시작한 이 투쟁은 일제의 세금 정책에 항의하는 대규모 시위로, 전국적인 조세 저항 운동으로 확산되었답니다. 1920년대에만 크고 작은 쟁의가 여러 차례 일어났지요. 이러한 저항 운동은 나라와 주권을 찾기 위한 독립운동으로 이어지게 되었습니다.

🔍 일제강점기에 일본의 조세 정책은 당시 우리나라의 경제에 어떤 영향을 끼쳤을까요?

일제강점기에 일본은 조선에 다양한 세금을, 높은 금액으로 요구했어요. 뿐만 아니라 세금을 통해 조선의 자원을 일본으로 이전시키려

했지요. 그 계획의 핵심 사업이 바로 토지 조사 사업입니다. 토지 조사 사업은 토지의 주인을 분명하게 하고, 토지의 넓이와 작물 생산량을 조사해 세금을 부과하는 사업이었어요. 하지만 글을 모르거나 법률 지식이 부족한 당시의 농민들은 토지의 소유권을 증명하기 어려웠지요. 일본 관리들의 일방적인 주장에 휘둘릴 수밖에 없었습니다.

다. 이 과정에서 일본 정부는 많은 조선 땅을 가지게 되었어요. 땅을 뺏긴 조선 농민들은 남의 땅을 빌려 농사를 짓게 되었고, 땅을 빌리는 값과 세금을 이중으로 부담해야 했습니다.

생각의 힘

여러분에게 세금은 너무 먼 이야기처럼 느껴지나요? 소득세, 법인세, 상속세와 같은 재산이나 소득에 매기는 직접세 외에도 부가가치세, 특별소비세와 같은 간접세가 있답니다. 그 중 부가가치세는 물건을 사거나 서비스를 제공 받을 때 내는 세금인데, 우리나라의 경우 물건이나 서비스 값에 세금이 포함되어 있어요. 그러니까 우리가 과자를 사 먹거나 학용품을 살 때 세금도 함께 내고 있는 거랍니다.

세금을 내는 것은 국민의 의무입니다. 만약 국민들이 이유 없이 세금을 내지 않으면 어떤 일이 벌어질까요?

실리콘 밸리의 악마, 기부 천사가 되다

아주 악착같이 돈을 모아 '실리콘 밸리의 악마'라는 별명이 붙은 사람을 아시나요? 전 세계적으로 유명한 부자인 빌 게이츠의 이야기입니다. 빌 게이츠는 기업 마이크로소프트의 **창립자**로서 엄청난 돈을 모았습니다. 그러나 그는 1994년에 자선 재단을 만들어 전 세계 질병 퇴치와 교육 수준의 향상을 위한 **기부**를 시작했어요. 기부를 위해 그간 열심히 돈을 벌었던 게 아닐까 생각될 정도로 많은 돈을 쏟아 부었답니다. 정작 자신의 아이에게는 수많은 재산 중 1000만 달러만을 남기겠다고 밝혀 화제가 되기도 했지요.

주식왕으로 불리는 워렌 버핏은 '오마하의 현인'이라는 별명을 가지고 있어요. 이는 워렌 버핏의 출신지인 오마하와 어질고 총명한 사람을 뜻하는 현인을 합친 말이지요. 워렌 버핏 역시 엄청나게 많은 돈을 기부했습니다. 2020년

워렌 버핏

을 기준으로 약 3조 5천억 원의 주식을 **자선단체**에 전달했지요. 햄버거 회사의 저렴한 아침 메뉴를 즐기며 검소한 삶을 유지하는 워렌 버핏이 자선단체에는 막대한 돈을 내고 있답니다. 워렌 버핏은 전 재산의 99%를 **사회**에 **환원**하겠다고 약속하기도 했어요. 2024년에는 자녀들이 설립한 **재단**에 기부를 이어가기로 했지요.

이런 모습을 '**노블레스 오블리주**'라고 불러요. 노블레스 오블리주란 19세기 프랑스에서 등장한 말로 '**귀족의 의무**'라는 뜻이

에요. 부와 권력을 가진 사람, 혹은 사람들에게 영향력을 미칠 만큼 유명한 사람은 더 큰 도덕적 책임을 지어야 한다는 의미지요.

중세 영국과 프랑스 간의 백년전쟁 당시, 프랑스 사람들이 영국 군인에게 붙잡힌 일이 있었어요. 영국 군인은 누군가 책임을 지고 처형을 당하면, 남은 프랑스인 모두를 살려 주겠다고 말했어요. 모두가 망설이던 중, 가장 부자인 이가 손을 들고 나섰지요. 이후 귀족들도 그의 의지에 따라 교수대에 모였다고 해요. 그들의 희생 정신에 감동한 영국 군인은 모든 프랑스인을 살려 주었답니다. 이는 노블레스 오블리주를 상징하는 이야기로 전해지고 있어요.

그런데 왜 부자들은 재단을 설립해 기부를 할까요? **재단은 금전적 이득을 목표로 하지 않는 단체**예요. 재단에 기부를 한 사람은 기부한 만큼 세금을 적게 낼 수 있고, 기부를 받은 재단은 안정적으로 단체를 유지할 수 있지요. 미국의 대부호, 록펠러 가문은 가족에게 재산을 물려줄 때 나라에 내야 하는 상속세를 피하기 위해 록펠러 재단에 많은 금액을 기부해요. 이름에서 짐작할 수 있듯, 록펠러 재단은 록펠러 가문의 사람들로 이루어져 있지요.

이와 다르게 도덕적 책임을 다하여 정말 필요한 곳에 큰 금액을 기부하는 기업들도 있습니다. 이러한 도움 덕분에 자연재해 등으로 갑자기 큰 돈이나 많은 물품을 필요로 하는 곳에 빠르게 도움을 줄 수 있지요. 나라는 긴급한 상황에 대비하여, 또 기업들이 기부에 앞장서는 문화를 만들기 위하여, 기부를 통해 세금을 공제받을 수 있는 제도를 유지하고 있답니다.

문해력 UP

- **창립자**: 기관이나 단체 따위를 새로 만들어 세운 사람
- **기부**: 누군가를 돕기 위하여 돈이나 물건 따위를 대가 없이 내놓음
  유의어 기증
- **자선단체**: 자선 사업을 하기 위하여 설립한 단체. 적십자사 등
- **사회 환원**: 개인, 단체, 기업 따위가 벌어들인 이익을 사회에 돌려주는 일
- **재단**: 개인의 이익과 상관없이 재산을 운영하기 위하여 만들어진 단체. 학교 법인, 종교 법인 등

관련 교과	사회 5~6학년
개념명	기부

돈이 많은 사람만 기부할 수 있나요?

주변을 둘러보면 돈이 없어도 기부할 수 있는 기회가 많습니다. 〈트리플래닛〉이라는 게임은 괴물들로부터 나무 요정을 지키는 게임인데요. 게임에서 가상의 나무를 심거나, 나무 요정을 지키는 수만큼 실제 나무를 기부할 수 있습니다. 게임에 들어오는 광고 비용으로 나무를 심는 것이지요. 실제로 열 개의 나라, 팔십 개의 숲에 게임 사용자들이 심은 나무 52만 그루가 자라나고 있다고 해요. 이렇게 **재미(Fun)를 더한 기부(Donation) 방식을 퍼네이션(Funation)이라고 한답니다.** 게임뿐 아니라 쇼핑 구매 금액의 일부, 또는 카드 수수료나 적립 포인트를 기부하는 식으로도 기부에 참여할 수 있지요.

돈이 아닌 재능을 기부할 수도 있습니다. 형편이 어려운 학생들에게 공부를 가르쳐 주거나, 음악에 재능이 있는 사람들이 모여 독거 노인을 위한 자선 음악회를 열 수도 있어요.

기업이 아닌 일반인도 기부로 세금 혜택을 받을 수 있나요?

우리나라는 공공의 이익을 위한 단체, 학교 등에 기부를 할 경우 세금 공제 혜택을 줍니다. 단, 기부 금액은 2만 원 이상이어야 하며, 기부한 단체로부터 기부금 영수증을 받아 제출해야 합니다. 기부금 영수증은 내가 기부를 했다는 것을 증명하는 자료이기도 하지만, 기부자가 기부 내역을 확인할 수 있도록 해, 기부금 운영의 투명성을 높이는 역할도 한답니다.

생각의 힘

　미국의 애리조나 주립 대학의 교수, 로버트 치알디니는 주택지에서 미국 암 협회를 위한 모금을 시작했어요. 이때 로버트는 한 가지 실험을 진행했지요. "단돈 1페니라도 좋습니다."라는 말을 덧붙였을 때와 붙이지 않았을 때 기부에 참여하는 사람 수에 변화가 있는지 살펴본 거예요. 아무 말 없이 모금을 시작하자 32.3%의 사람이 모금에 참여했어요. 평균 기부 금액은 2만 3천 원이었어지요. 그런데 '1페니'를 덧붙이자, 무려 58.1%의 사람이 모금에 참여했으며, 평균 기부 금액 또한 3만 5천 원으로 늘어났어요. 한 사람이 큰 금액을 선뜻 기부하기는 어렵지만, 여러 사람이 조금씩 함께한다면 더 많은 사람을 도울 수 있을 거예요.

여러분은 기부를 해 본 적이 있나요? 실천할 수 있는 기부 계획을 세워 보세요.

아기상어와 뽀로로

아기상어가 기네스북에 올랐다는 사실, 알고 있나요? 아기상어는 전 세계에서 가장 사랑받은 동요로 손꼽히는데요. 동요 영상은 유튜브 최초로 100억 회 조회수를 넘으며 기네스북에 **등재**되었습니다. 중독성 있는 멜로디 덕분에 빌보드 차트와 영국 오피셜 차트에도 진입했지요. 아기상어는 책, 의류, 장난감 등 다양한 제품들로 생산되고 있습니다. 아기상어 인형은 외국 친구들도 갖고 싶어하는 장난감이지요.

아기상어와 함께 뽀로로는 우리나라의 대표 캐릭터입니다.

뽀로로의 가치는 무려 5조 7천억 원에 달한다고 해요. 뽀로로 테마파크, 장난감, 문구, 인형 등 뽀로로와 관련된 다양한 분야에서 3만 명이 넘는 사람들이 일하고 있다고 하니, 정말 대단하지요?

뽀로로와 아기상어의 인기는 '주식' 시장에도 영향을 주었어요. **주식이란 기업이 사업을 하는 데 필요한 돈의 조각을 말해요.** 이는 주식 시장에서 구매하거나 팔 수 있답니다. **주식을 가지고 있다는 건, 기업의 일부를 가졌다는 것과 같아요.** 기업이 돈을 벌면 주식을 **소유**한 나에게 **배당금**이 주어지기도 해요. 주식의 가격이 오르면, 팔아서 돈을 벌 수도 있지요. 사람들은 뽀로로나 아기상어처럼 유명한 캐릭터를 가진 회사에 관심을 가져요. 회사의 주식을 사두었다가, 회사가 성장한 뒤에 팔아 돈을 벌고자 하지요.

그러나 뽀로로와 아기상어를 만든 각각의 회사는, 주식 시장에 등록되지 않은 회사였어요. 주식 시장에 등록된 회사를 **상장 회사**라고 불러요. 주식을 구매하기 위해서는 회사가 주식 시장에 상장되어야만 하지요. 뽀로로와 아기상어의 가치를 이해한 사

람들은 캐릭터와 관련이 있는 상장 회사를 찾기 시작했답니다. 뽀로로와 아기상어를 만든 회사의 **지분**을 갖고 있거나, 관련된 사업을 하는 회사를 살펴본 것이지요.

  아기상어와 관련된 책과 콘텐츠를 만드는 삼성출판사는 아기상어 회사의 지분 20%를 가지고 있어요. 게다가 상장 회사이지요. 삼성출판사는 아기상어뿐 아니라 뽀로로 관련 도서와 학습 자료를 만들어 팔기도 했어요. 사람들은 삼성출판사의 주식을 사들였습니다. 이에 따라 삼성출판사의 주가가 4일 만에 두 배 상승하는 일도 있었답니다

  그렇다면 뽀로로와 아기상어 회사는 왜 주식 시장에 회사를

상장하지 않았을까요?

  모든 회사가 주식 시장에 회사를 상장하는 것은 아닙니다. 주식을 구매할 사람들을 모아서 **출자금**을 받지 않아도 이미 필요한 **자금을 확보**한 경우, 주식을 구매한 사람들의 눈치를 보지 않고 **독립적인 의사 결정을 하고 싶은 경우**, 회사 주식의 가치를 높이는 것보다는 **제품 개발과 시장 확장에 집중하고 싶은 경우** 등 다양한 이유가 있지요. 회사의 성장 가능성을 고려해서 적절한 시기에 상장하기로 결정하는 경우도 많습니다. 각 회사의 상황과 전략에 맞게 움직이는 것이지요.

문해력 UP

- **등재**: 일정한 사항을 장부나 대장에 올림
- **소유**: 가지고 있음. 또는 가지고 있는 물건
- **배당금**: 주식을 가진 사람에게 나눠주는 회사의 이익
- **상장 회사**: 사람들이 주식을 사고팔 수 있도록 증권 거래소에 등록한 회사
  <반의어> 비상장 회사
- **지분**: 물건이나 재산에서 각자가 가진 몫
- **출자금**: 자금으로 낸 돈

관련 교과	사회 5~6학년
개념명	주식

비상장 회사와 상장 회사는 어떻게 협력할까요?

주식 시장에 회사를 상장하려면 규정에 따라 회사가 주식 시장에 등록될 만한 가치가 있는지 심사받아야 합니다. 상장 회사가 되고 나면, 거래소나 주식을 구매한 사람들의 요구를 들어주어야 하기도 해요. 따라서 모든 회사가 상장 회사가 되는 것은 아니예요.

몇몇 상장 회사는 비상장 회사와 힘을 합쳐 함께 성장해요. 비상장 회사 가운데 뛰어난 기술과 제품을 보유하고 있는 회사가 있다면, 안정적인 자본을 가진 상장 회사가 비상장 회사에 투자할 수 있지요. 전기차로 유명한 테슬라가 비상장 배터리 회사에 투자해 전기차에 들어갈 배터리를 개발하는 것이 좋은 예입니다.

어린이 관련 주식에는 어떤 것들이 있을까요?

어린이 관련 상품과 키즈 콘텐츠는 날이 갈수록 많은 관심을 받고 있어요. 어린이 관련 주식도 그만큼 많아졌지요. 교육, 장난감 및 게임, 아동복 또는 액세서리, 콘텐츠, 건강 분야 등. 정말 다양하지요? 교육 관련 주식으로는 교육용 책과 학습 자료, 온라인 학습 프로그램을 만드는 기업이 있습니다. 어린이 애니메이션, 텔레비전 프로그램을 제

작하는 콘텐츠 기업, 어린이 대상 영양제와 약을 제조하는 회사의 주식 역시 어린이 관련 주식으로 볼 수 있답니다.

생각의 힘

삼성전자의 어린이 주주는 2024년을 기준으로 약 40만 명에 이른다고 합니다. 10대의 주식 투자는 더 이상 새로운 일이 아니게 되었지요. 앞서 주식왕, 기부왕으로 소개했던 워렌 버핏도 열한 살에 처음 주식 투자를 하였다고 합니다. 이제는 어린이날에 로봇 장난감 대신 관련 주식을 선물해 주기도 하지요. 2020년의 전국민적 주식 열풍, 이른바 '동학 개미 운동'은 더 많은 10대가 주식에 참여하게 만들었어요. 부모님이 자녀의 주식을 관리하는 것을 넘어, 어린이가 직접 주식을 관리, 투자하는 일도 생겨난 것이지요. 건전한 생각과 판단을 바탕으로, 우리 친구들이 투기 아닌 투자를 통해 튼튼한 회사와 함께 성장할 수 있도록 경제 교육이 필요한 때입니다.

초등학생도 부모님과 함께 주식을 배우고, 투자할 수 있어요!

고대 그리스에도 보험이?

　우리가 살아 가면서 자연재해에 피해를 입거나 사고를 당할 확률은 몇 퍼센트나 될까요? 일생 동안 벼락에 맞을 확률은 28만 분의 1이라고 합니다. 적은 확률이지만, 실제로 사고가 나게 되면 피해가 엄청나지요. 불이 나서 집 전체를 잃을 수도 있고, 교통사고로 막대한 치료비를 감당해야 할 수도 있습니다. 이처럼 재해 또는 사고로 일상생활이 어려워질 것에 대비해 **미리 돈을 모아두는 보험** 제도가 있어요. 갑작스러운 상황에 **손해**를 **보상**받을 수 있도록 말이에요.

가라앉고 있는 배

보험 제도는 고대 그리스 아테네에서 시작되었습니다. 생각보다 오래 전부터 사용해 왔지요? 과거 유럽의 상인들은 인도나 아프리카로 배를 타고 떠났어요. **해상 무역**으로 식량과 물건을 얻을 수 있기 때문이었지요. 항해에 성공하기만 하면 **천문학적**인 이득을 거둘 수 있었지만, 그만큼 위험이 가득했습니다. 다른 대륙에 도착하기도 전에 해적과 폭풍을 만나 손해를 입을 수도 있었답니다. 이에 대비할 방법이 필요했어요.

'**모험대차**'가 그것이지요. 항해를 준비하는 상인은 항해를 시작하기 전, 자본가에게 배나 물품을 **담보**로 돈을 빌립니다. 항해에 성공하면, 상인은 자본가에게 빌린 돈에 이자를 얹어 돌려 주었지요. 대신 항해에 실패하면 빌린 돈의 일부를 면제 받았습니다. 자본가에게는 위험 부담이 있었지만, 항해에 성공하기만 하면 빌려준 돈에 높은 이자까지 받을 수 있었기에, 모험대차는 자본가의 투자 방법으로 활용되기도 했답니다. 고대 아테네에서 시작된 모험대차는 중세까지 굉장히 유행했어요.

《베니스의 상인》이라는 셰익스피어의 소설에는 이 무렵의 모습이 등장해요. 배나 물건이 아니라 신체를 담보로 돈을 빌리는 대부업 이야기도 나오지요. 이 책에 나오는 **고리대금업자**는 수많은 비난을 받아요. 그때 고리대금업자는 아주 사악한 사람으로 평가받았거든요. 도스토옙스키의 소설《죄와 벌》에서도 고리대금업자는 벌을 받아야 할 인물로 그려졌답니다.

고리대금업으로 사람들이 큰 경제적 어려움에 처하자 당시의 로마 교황인 그레고리우스 9세는 '이자 금지령'을 내렸습니다. 가난한 자에게 돈을 꾸어주고 과한 이자로 이득을 보는 사람들에게 경고한 것이지요. 이에 따라 상인들은 이자 금지령을 어기지 않는 계약 형태의 보험 제도를 이용해야 했습니다. 상인이 자본가에게 일정 금액, 즉 수수료를 내면 항해에 실패했을 때 자본가로부터 돈을 받는 것이지요. 돈을 먼저 내고 손해가 났을 때 보장받는, 지금과 가장 비슷한 형태의 보험이 생긴 것입니다.

덕분에 해상 무역은 더욱 발전했어요. 우리에게 신대륙을 발견한 항해가로 익숙한 콜럼버스 역시 이 시기에 등장했지요. 아무리 모험을 좋아하는 사람이라도 최소한의 안전망이 보장되지 않는다면, 계속해서 도전적인 항해를 떠나기는 어려울 거예요.

문해력 UP

- **손해**: 돈, 재산 등을 잃거나 정신적으로 피해를 입음
- **보상**: 입은 손실이나 손해를 대가로 갚음 유의어 배상, 변상
- **해상 무역**: 거래 물품을 선박으로 운송하는 무역
- **천문학적**: 수가 엄청나게 큰 것
- **담보**: 빌린 돈을 갚지 못할 때를 대비하여 돈을 갚을 의무를 없애기 위해 돈을 빌려준 사람에게 제공하는 것
- **고리대금업자**: 고리대금(부당하게 비싼 이자를 받는 돈놀이)을 직업으로 하는 사람

관련 교과	사회 5~6학년
개념명	보험

사람들은 사고를 당할 확률이 낮은데도 왜 보험에 가입할까요?

사람들은 여러 가지 이유로 보험에 가입합니다. 보험은 사고나 재해로 피해를 입었을 때, 일상생활로 돌아갈 수 있도록 보상을 해 줄 뿐 아니라, 갑작스러운 사고에 대한 두려움을 덜어 주어요. 최소한의 안전망이 마련되어 있다는 사실에 마음 편히 일상생활을 할 수 있지요.

법으로 정해져 **반드시 가입해야 하는 보험도** 있습니다. 자동차를 가지고 있는 사람이라면 누구나 자동차 보험에 가입해야 해요. 국민을 보호하기 위해 국가 차원에서 의무를 부여한 것이지요. 이외에도 건강 보험, 주택 보험 등 다양한 보험이 있습니다. 보험 회사들은 여러 보험을 구성하고 소개하며 사람들이 보험에 가입하도록 유도한답니다.

고리대금업자가 많아지면 어떤 문제가 생길까요?

사람들은 돈이 급하게 필요할 때 대출 제도를 이용해 돈을 빌립니다. 이때 빌린 돈에 대한 대가를 내야 하는데, 이 대가를 '이자'라고 부른답니다. 안전한 대출 제도의 이자는 대부분 5% 정도입니다. 그러나 30%의 이자를 내야 한다면요? 1억 원을 빌리면, 1억 3천만 원을 갚아야 한다는 의미입니다. 빨리 돈을 갚지 못하면, 걷잡을 수 없는 속도로 이자가 늘어나겠지요. 결국에는 정상적인 삶을 유지할 수 없을 정도로 빚이 쌓이게 될 거예요. 정부는 이러한 일을 방지하기 위해 과도하게 높은 이자의 대출, 즉 고리대금업을 규제합니다. 현재 우리나라에서는 최고 이자율이 20%를 넘지 못 하게 규정하고 있답니다.

생각의 힘

    보험에 가입한다고 모든 피해에 대한 보상을 보장받을 수 있는 건 아니랍니다. 보험 회사는 조건에 따라 보상을 보장하기 때문에, 보험에 가입할 때는 보험 계약서에 적힌 조건을 잘 확인해야 합니다. 조건에 맞지 않으면 보상을 제공하지 않겠다고 적혀 있는 경우가 있으니까요.

    이런 부분을 확인하지 않고 무작정 보험에 가입하다 보면, 정말 필요한 경우에 도움을 받기 어려울 수 있어요. 내용이 어렵고, 작은 글씨로 적혀 있다는 이유로 계약서를 자세하게 살피지 않아서는 안 됩니다. 제대로된 보상을 받기 위해서는 계약서를 확실하게 살핀 뒤, 보험 가입을 해야 하지요. 보험금을 받을 때 필요한 서류 또한 꼼꼼히 챙겨 제출해야 합니다.

> 보험은 예상치 못한 어려움에 처했을 때 우리를 지켜주는 안전망과 같아요!

고대 그리스에도 보험이?

세상에서 가장 희소한 자원은?

현대 사회에서 가장 희소한 자원은 '희토류'입니다. 희토류는 세상을 구성하고 있는 여러 원소 중 무려 열일곱 개의 원소를 가지고 있답니다. 세상에서 가장 강력한 자석을 만드는 데에 쓰이는 네오디뮴, 인터넷 통신을 위한 **광섬유** 재료 어븀, MRI 촬영을 할 때 사진을 뚜렷하게 만드는 데에 쓰이는 가돌리늄 등, 희토류 속에는 우리 생활에 필요한 원소들이 가득해요.

예전에는 희토류를 희귀 광물이라고 불렀어요. 하지만 지금은 '희소 광물'이라고 부른답니다. 경제에서 **희귀란 단순히 양이**

희토류를 채굴하는 모습

적은 것을 의미해요. 반면 희소는 실제 양과 관계없이 많은 사람이 필요로 해 모두가 가질 수는 없는 자원의 상태를 의미하지요. 과거에 희토류는 양이 적은 자원일 뿐, **수요**가 많은 자원은 아니었어요. 최근 희토류를 필요로 하는 사람이 많아지고, 가치가 높아지면서 희토류를 희소 광물이라고 부르게 된 것이랍니다.

　희토류는 **채굴**하기가 어려워요. 채굴하는 과정에서 산이 붕괴되고 삼림이 파괴되기도 하지요. 채굴한 희토류에서 필요한 원소를 분리하는 동안 환경 오염이 발생하고, 그로 인해 사람들이 삶의 터전을 잃기도 해요.

희토류를 이용해 만든 반도체

세계에서 가장 많은 희토류를 생산하는 나라는 중국이에요. 희토류가 필요한 곳은 많고 희토류를 생산하는 나라는 적으니 희토류의 가격은 날이 갈수록 비싸졌습니다. 2011년 중국이 희토류 수출량을 줄였을 때에는 희토류 가격이 2년 사이 무려 열 배 이상 올랐어요. 1970~1980년대 중국의 최고 지도자였던 덩샤오핑은 "중동에 석유가 있다면 중국에는 희토류가 있다."라고 말하기도 했답니다.

2010년, 일본과 중국의 영해 분쟁으로 중국 선원이 일본에 잡혀가는 일이 있었어요. 이때 중국은 희토류 수출을 금지시켜 일본이 **백기**를 들게 만들었지요. 중국에서 가장 많은 희토류를 수입하는 일본으로서는 달리 방법이 없었습니다. 자원이 무기가 된 거예요. 어느 한 나라가 자원을 독점하면 계속해서 이러한 일이 일어나겠지요. 희토류의 희소성이 높아지는 이때, 우리나라도 하루 빨리 희토류를 대체할 자원이나 기술을 개발하거나, 환경 오염의 위험이 적은 희토류 채굴 방법을 찾아야 하겠습니다.

현재 우리나라는 반도체, 디스플레이, 2차 전지, 미래차, 바이오, 로봇 등 6대 국가 첨단 전략 산업 수출 시장 점유율 5위권에 드는 미래 산업 강국입니다. 모두 희토류가 필요한 산업이지요. 상대적으로 자원이 부족한 우리나라는 자원 대부분을 수입하고 있어요. 그럼에도 우리나라는 다양한 기술과 **인적자원**으로 세계적인 경쟁력을 가지고 있답니다. 무척 자랑스러운 일이지요?

문해력 UP

- **자원** : 인간 생활 및 경제 생산에 이용되는 원료로서의 광물, 산림, 수산물 따위
- **광섬유** : 빛을 이용해서 정보를 전달할 때 쓰는 빛을 전파하는 가는 유리 섬유
- **수요** : 어떤 대상을 일정한 가격으로 사려고 하는 욕구
- **채굴** : 땅을 파고 땅속에 묻혀 있는 광물 따위를 캐냄
- **백기** : 항복을 의미하는 흰 깃발
- **인적 자원** : 사람의 노동력을 생산 자원의 하나로 이르는 말

| 관련 교과 | 사회 5~6학년 |
| 개념명 | 수요와 공급 |

희토류의 안정적 공급이 왜 중요한가요?

희토류의 안정적인 공급은 현대 기술과 산업의 지속적인 발전에 영향을 줍니다. 희토류는 스마트폰, 인터넷 등 다양한 제품 생산 기술을 포함해, 전기차와 같은 환경친화적 산업에도 필수예요. 만약 희토류가 제대로 공급되지 않는다면, 전자 제품이 생산되지 않거나 가격이 갑자기 상승해 소비자가 불편을 겪을 수 있어요. 앞서 일본과 중국의 사례처럼 희토류를 가진 나라가 희토류의 공급을 조절해 희토류가 필요한 나라에 위협을 가하기도 해요. 따라서 안정적인 희토류 공급망을 구축하는 것이 무척 중요하답니다.

많은 선진국이 희토류 생산을 포기하고 있어요. 그 이유는 무엇일까요?

희토류 채굴은 많은 자본과 기술을 필요로 하는 '고비용 산업'이에요. 게다가 막대한 환경 오염과 생태계 파괴의 위험이 있지요. 따라서 많은 선진국이 희토류를 생산하기보다 수입하는 방식을 택했어요. 이로 인해 특정 국가에 희토류 생산 능력이 집중되었지요. 결과적으로 특정 나라만 희토류를 생산하고 공급하게 되었어요. 많은 나라가 일

부 나라에만 희토류 수입을 의존하게 된 것이에요. 희토류 생산국과의 정치적·경제적 관계는 각 나라의 희토류 수입을 포함해, 희토류가 필요한 산업에도 영향을 미치게 되었답니다.

생각의 힘

자원의 무기화란, 자원을 무기 삼아 정치적 또는 경제적 목표를 달성하려는 것을 말해요. 자원의 공급을 줄이거나 가격을 높여서 다른 나라에 압박을 하는 것이지요. 1970년대에는 '오일 쇼크'라는 것이 일어났어요. 석유를 생산하는 나라들이 석유 수출을 제한하면서 전 세계가 경제적 불안에 휩싸였지요. 자원을 무기로 사용하면 당장의 이익은 얻겠지만 국제 사회에 신뢰는 잃고 말 거예요. 자원은 지속 가능한 발전을 위한 협력의 수단으로 사용되어야 해요.

> 북한에 매장된 어마어마한 양의 희토류가 우리나라의 기술과 만나면 어떻게 될까요?

해외여행 가기 전에
제일 먼저 해야 할 일

해외여행을 갈 때에는 **우리나라 돈을 여행하는 나라의 돈으로 바꾸어야 해요.** 이를 '환전'이라고 합니다. 우리나라는 원을, 미국은 달러를, 일본은 엔, 중국은 위안을 사용하지요. 만약 미국에 여행을 가게 된다면 우리나라 돈인 원화를 달러로 바꿔야겠지요?

환전은 은행 또는 **환전소**에서 할 수 있어요. 이때 수수료를 내야 하는데, 은행이나 환전소마다 조금의 가격 차이가 있답니다. 여러 곳의 조건을 살펴본 뒤, 수수료가 가장 적은 곳에서

환전을 해야겠지요. 환전을 할 때 고려해야 할 것이 한 가지 더 있어요. 바로 '환율'이랍니다.

환율이란, 우리나라의 돈을 다른 나라 돈으로 교환할 때의 비율을 의미해요. 환율은 오르거나 내릴 수 있어요. 예를 들어 볼까요? 오늘의 원·달러 환율이 1달러에 1000원이라고 가정해봅시다. 내가 만 원을 내면 10달러를 가질 수 있지요. 그런데 원·달러 환율이 250원 올라 1달러가 1250원이 되었다면요? 똑같이 만 원을 내도 8달러 밖에 가질 수 없어요. 같은 돈을 지불하고도 더 적은 돈을 갖게 될 수 있으니 여행을 갈 때는 환율을 잘 확인해야겠지요.

　환율이 높을 때는 여행객의 수가 줄어들기도 해요. 원·달러 환율이 오르면 해외에서 공부하던 유학생이 경제적인 부담을 느껴 학업을 중단하고 돌아오는 경우까지 생겨요. 환율이 100원만 올라도 유학생의 1년 예산이 650만 원 늘어난다는 인터뷰도 있지요. 이런 경우를 대비해 환율이 저렴할 때 미리 환전을 해두기도 한답니다.

　최근 일본에서는 **슈퍼 엔저** 상황이 벌어졌어요. 물가가 높기로 유명하던 일본이 세계에서 가장 싼 여행지 순위에 들 정도로 환율이 낮아졌어요. 같은 돈으로 이전보다 많은 엔화를 살 수 있게 되니, 해외 관광객 입장에서는 여행 비용이 저렴하게 느껴지지요. 그래서 일본 여행을 떠나는 사람이 부쩍 많아졌습니다. 해외 여행객이 늘어난 만큼, 일본의 **관광업**에는 활기가 돌았어요. 그렇지만 일본 사람들은 마냥 기뻐할 수 없었어요. 엔화의 가치가 떨어지니 엔화를 다른 나라 돈으로 환전할 때 훨씬 많은 돈이 필요했기 때문입니다. **골든 위크**라고 불리는 황금 연휴에도 일본에는 해외에 나가지 않고 집에 머문 사람들이 많았다고 해요.

환율은 **국력**을 나타내는 중요한 수치예요. 환율은 해외여행뿐 아니라 수출과 수입 등 여러 가지와 얽혀 있기 때문이에요. 여행 및 국제 거래를 위해 꼭 필요한 환전. 환율의 변동을 파악하고 여행지를 선택한다면 조금 더 경제적인 여행을 할 수 있답니다.

문해력 UP

- **환전소**: 돈을 외국 돈이나 소액권 또는 동전 따위로 바꾸어 주는 곳
- **슈퍼 엔저**: 일본 화폐인 엔의 값이 다른 나라 화폐에 비하여 상대적으로 낮아진 현상
- **관광업**: 관광객에게 물건이나 노동을 제공하는 각종 사업
- **골든 위크**: 명절이나 공휴일이 이어져 있는 연휴를 비유적으로 이르는 말
  - 유의어 황금 연휴
- **국력**: 한 나라가 지닌 정치, 경제, 문화, 군사 따위의 모든 방면에서의 힘

| 관련 교과 | 사회 5~6학년 |
| 개념명 | 교통 발달 |

여행에 필요한 돈을 준비할 때 어떤 것을 고려하면 좋을까요?

가장 중요한 것은 환율이겠지요. 환율이 낮을 때 환전을 하면 외국 돈을 저렴하게 가질 수 있어요. 다음으로 고려해야 할 것은 수수료예요. 은행과 환전소마다 차이가 있을 수 있기 때문에 여러 곳의 수수료를 확인한 뒤, 수수료가 낮은 곳을 선택해요. 마지막으로는 얼마나 환전을 할 것인지 계획해요. 여행 기간과 예상되는 사용 금액을 생각해 적절한 금액을 환전해야 해요. 또 외국에서도 사용 가능한 카드를 가져가면 현금 분실의 위험을 줄일 수 있답니다. 급하게 돈이 필요한 경우를 대비할 수도 있고요.

여러분이 미국 여행을 위해 환전을 한다고 상상해 보아요. 원·달러 환율이 높은 것과 낮은 것 중 어떤 것이 좋을까요?

환전을 할 때는 여행지의 돈이 저렴할 때를 노려야 해요. 같은 한국 돈으로 더 많은 외국 돈을 살 수 있기 때문이지요. 미국은 달러를 사용하니, 원·달러 환율을 예시로 들어 볼까요? 1달러가 1000원이라

고 가정해 봅시다. 1000달러를 가지고 싶다면, 100만 원이 필요하겠지요. 그런데 1달러가 1600원이 된다면 어떨까요? 1000달러를 가지려면 160만 원을 내야 해요. 좀 더 저렴하게 여행을 하기 위해서는 환율이 낮을 때, 즉 1달러를 좀 더 낮은 원화로 살 수 있을 때 환전을 해야 해요.

생각의 힘

여러 나라가 동일한 화폐를 사용하면 어떤 일이 일어날까요? 유럽 국가들은 경제 통합과 무역 활성을 위해 공동 화폐 '유로화'를 만들었어요. 유로화가 도입되면서 유럽 연합 국가들은 환전에 드는 시간과 비용을 아낄 수 있게 되었지요. 환율을 계산할 필요도 없어졌어요. 상품과 서비스의 이동이 편리해졌고 물가를 비교하는 것도 쉬워졌지요. 화폐를 통일하면서 얻게 된 가장 큰 이익은 유럽의 국제적인 영향력도 커지게 되었다는 점이에요. 이제 유로화는 달러, 엔화와 함께 세계 여러 나라에서 인정하는 화폐가 되었답니다.

환전 없이 우리나라 돈을 받아 주는 나라는 없을까요?

책을 읽어 주는
직업이 있다고요?

책을 읽어 주는 '전기수'라는 직업을 들어 본 적 있나요? 18~19세기 조선, 소설의 인기가 높아지자 전기수의 인기도 덩달아 올라갔어요. 전기수가 이야기를 시작하면 많은 **청중**이 몰려 들었습니다. 전기수는 가장 재미있는 이야기 앞에서 말하기를 멈추기도 했답니다. 다음 이야기가 너무 궁금했던 사람들은 엽전을 던지며 전기수를 재촉했지요. 책을 구하기도, 한글을 읽기도 어려운 서민들에게 전기수는 소설을 즐길 수 있도록 해 주는 사람이었어요. 그러나 전기수는 언젠가부터 모습을 찾아 볼 수 없게 되었답니다. 인쇄술의 발전으로 책을 구하기가 쉬워졌을 뿐만 아니라, **공교육**의 발달로 글을 읽을 수 있는 사람이 많아졌기 때문이지요. 이렇듯 **산업의 발달은, 사람들의 일과 직업에까지 변화를 일으킵니다.**

김홍도의 그림 속 전기수 (출처: 한국 데이터 산업 진흥원)

그런데 최근 전기수의 일이 다시 **각광**받기 시작했습니다. 무슨 말도 안 되는 이야기냐고요? 유튜브에 책 읽어 주는 채널이 등장한 거예요. 크리에이터들은 전기수처럼 아주 재미나게 책을 읽어 주고, 구독자와 팔로워로부터 수익을 얻지요. 왜 사라졌던 직업이 다시 돌아오게 된 걸까요?

현대 사회를 살아가는 사람들은 디지털 미디어 매체의 발달이라는 커다란 변화를 겪게 되었습니다. 인터넷의 속도가 빨라졌고, 영상의 길이는 점점 줄어들었지요. 따라서 최신 기술을 활

사람이 로봇으로 대체된 공장 모습

용해 책을 요약하고 전달해 주는 디지털 크리에이터로서의 '전기수'가 관심을 받게 된 것입니다.

특정 직업이 아닌 산업은 어떻게 변화했을까요? 우리나라는 1, 2차 **산업 혁명**을 통해 농촌에서 도시로 생활 반경을 옮겼습니다. 많은 사람이 논밭이 아닌 회사에서 일하고 있지요. 4차 산업 혁명은 산업의 기계화를 불렀고, 우리 생활 여기저기에서 로봇을 볼 수 있게 되었어요. 큰 음식점에서 접시를 옮겨 주는 로봇, 본 적 있지요? 더 이상 사람이 그릇을 옮길 필요가 없어졌습니다. 이런 산업의 변화를 막을 수 있을까요? 영국에서는 기계로 일자리를 잃은 사람들이 공장의 기계를 파괴한 '러다이트 운동'이 일어나기도 했어요. 사람들의 **강경한** 움직임에도 산업은 나날이 기계화되어 갔지요.

시대의 변화에 따라, 기업과 정부는 이제 6차 산업에 많은 관심을 기울이고 있습니다. 우리나라의 경우, 뛰어난 **첨단 산업**

을 활용해 1차 산업을 새롭게 살리고자 하지요. **6차 산업이란, 1차 산업에 2차 산업과 3차 산업을 곱한 것을 의미합니다.** 1차 산업에 해당하는 농업, 임업, 수산업에서 얻은 자원을 2차 산업을 통해 제품으로 만든 다음, 3차 서비스업을 활용해 새로운 모습과 방법으로 소비자에게 전달하는 것입니다. 시골에서 사과 농사를 짓는다고 상상해 보세요. 재배한 사과(1차)로 사과즙 또는 잼을 만들어(2차) 온라인 쇼핑몰에서 판매(3차)하는 것이 바로 6차 산업이랍니다.

어떤가요? 전기수가 디지털 크리에이터로 다시 태어나듯, 1차 산업이 6차 산업으로 재탄생하는 게 정말 신기하지요?

문해력 UP

- **청중**: 강연이나 이야기, 음악을 듣기 위해 모인 사람들
- **공교육**: 국가가 관리하고 운영하는 학교 교육
- **각광**: 많은 사람의 관심 또는 사회적 인기
- **산업 혁명**: 기계가 발전하면서 제품을 만드는 데에 더 이상 사람의 손이 필요하지 않게 되자, 일자리를 잃은 사람들이 일으킨 일
- **강경하다**: 굳세게 버텨 굽히지 않음
- **첨단 산업**: 많은 기술을 필요로 하면서 여러 산업에 미치는 영향이 큰 산업

'전기수'는 왜 사라지게 되었나요?

전기수가 활동하지 않을 때에는 손으로 옮겨 쓴 필사본이 유행했어요. 사람이 하나하나 옮기다 보니, 잘못 옮겨지는 경우도 있었지요. 심지어 가격도 비싸서 돈이 많은 일부 사람만 책을 가질 수 있었어요. 전기수 덕분에 서민들은 다양한 책과 문화를 경험할 수 있었답니다. 그러나 인쇄술이 급격히 발전하면서 책은 더 이상 부자만의 것이 아니게 되었어요. 같은 책을 손쉽게 여러 권 만들 수 있게 되었고 가격도 저렴해졌지요. 이전보다 다양한 계층의 사람들이 책을 읽을 수 있게 되자 전기수의 필요성이 줄어들었어요. 결국 전기수는 모습을 감추고 말았답니다.

'6차 산업'은 무엇인가요? 직접적인 예를 들어 설명해 볼까요?

'어촌 특화 상품'이라는 말을 들어 보았나요? 전통적인 어업에서 벗어나 수산물의 가공, 유통, 판매, 관광 사업을 새롭게 조합해 만들어 낸 상품을 의미하지요. 해산물로 생선 통조림, 젓갈, 어묵 등을 만들어 온라인으로 판매할 수도 있고요. 관광객들이 직접 수산물 가공을

체험할 수 있도록 지역 문화 관광 프로그램을 계획하기도 해요. 이처럼 6차 산업은 지역의 경제를 살리고 지속 가능한 발전을 가능하게 합니다. 이를 위해 정부도 다양한 지원을 하고 있답니다.

한복을 입고 한옥 마을을 투어하는 관광 프로그램

생각의 힘

책을 손으로 옮기던 옛날에는 책 한 권을 옮기는 데에 2개월이 걸렸다고 해요. 그런데 독일의 금 세공업자인 구텐베르크가 활자 대량 생산 기술을 유럽에 전파하면서 상황이 완전히 바뀌었지요. 일주일 만에 책 오백 권을 인쇄할 수 있게 된 거예요. 당시는 중세 로마 가톨릭 교회가 재물을 바친 사람에게 죄를 용서하겠다는 증서를 만들던 시기였어요. 마르틴 루터는 이를 비판하기 위해 아흔다섯 개조의 반박문을 써서 교회 문에 붙였지요. 그 반박문은 발전된 인쇄술에 힘입어 2주 만에 독일 전역에, 2달 만에 유럽 전역에 퍼졌다고 해요. 그렇게 종교 개혁이 시작되었답니다.

산업의 발전이 문화와 생활 곳곳에 영향을 미친다는 것을 알 수 있지요.

구텐베르크의 금속 활자(1455년)보다 약 78년 빨리 만들어진 우리나라의 '직지(1377년)'는 현재 프랑스 국립도서관에 보관되어 있어요.

함께 사는 세상, 품앗이

'품앗이'는 노동력을 뜻하는 '품'과 갚는 것을 의미하는 '앗이'가 합쳐진 단어입니다. 품앗이는 서로의 일을 돕는 협동 정신에 뿌리를 두고 있지요. 이러한 **경제 협력**은 아주 오래 전부터 존재했어요. 우리 조상들은 특히 농촌에서 품앗이를 많이 활용했답니다.

농사는 사람의 손을 필요로 하는 때가 많아요. 그래서 과거에는 자식을 많이 낳아 농사 일을 도울 일손을 늘리고자 했지요. 그러나 씨앗을 심는 날이나 수확철에는 일이 너무 많아, 가

족만으로는 힘이 부족했어요. 그래서 품앗이를 통해 이웃의 손을 빌렸답니다.

예를 들어 모내기 시기에 이웃 집과 힘을 합쳐 모내기를 마친 후, 이웃 집이 필요로 할 때 우리 집이 나서서 도움을 주는 식이었지요. 이렇게 서로의 힘을 빌려야 하는 경우는 너무나 많았어요. 농사를 포함해서 집을 수리해야 할 때, 나무를 구해야 할 때, 잔치에 음식을 장만해야 할 때 등 수시로 이웃에게 도움을 부탁했지요. 우리 조상들은 서로를 향한 믿음을 바탕으로 실제 노동 가치와 관계없이 도움을 주고 받았답니다.

품앗이는 임금이 오가지 않는 1대 1 노동 교환입니다. 하지만 품앗이는 산업화와 도시화가 진행되면서 사라지게 되었습니다. 농업 중심의 공동체가 약해지고, **핵가족화**가 이루어지면서 품앗이의 힘과 필요성도 줄어들었거든요. 이에 따라, 노동 거래는 1대1 교환 방식에서 노동력에 걸맞는 임금을 주는 것으로 변화했습니다. 전통적인 형태의 품앗이는 많이 사라졌지만, 그 정신을 이어가려는 시도는 현대에도 이루어지고 있답니다.

최근에는 '육아 품앗이'를 하는 부모님들이 생겨났어요. 육아 품앗이란, 서로의 아이를 함께 돌보면서 도움을 주고받는 것을 말합니다. 특히 어린 자녀를 둔 부모들에게 육아 품앗이는, 육아의 부담과 **비효율**을 줄일 수 있는 **상부상조** 시스템이지요. 육아 품앗이는 주로 잘 아는 이웃, 또는 친구끼리 도움을 주고받기 때문에, 그렇지 않은 경우보다 안전하다고 느껴져요. 별도의 돈을 지불할 필요가 없으니 경제적 부담도 줄일 수 있어요.

재능 기부 형태의 품앗이도 있지요. 내가 상대에게 외국어를 가르쳐 주는 대신, 상대는 나에게 글쓰기를 가르쳐 주며 서로의 재능을 나누는 거예요. 이외에도 여러 가정이 **공동 구매**를 통해 더 큰 할인 혜택을 받는다거나, 서로의 시간을 거래하는 일도 나타났지요. 내가 두 시간의 도움을 주면, 나도 추후 두 시간의 도움을 받을 수 있는 식으로 말이에요.

　이처럼 현대 사회에서도 품앗이의 정신이 이어지고 있답니다. 서로의 시간과 노동을 교환하는 가장 기본적인 형태의 경제 활동은 앞으로도 중요한 역할을 할 것으로 보입니다.

문해력 UP

- **경제 협력**: 경제적 이익을 위해 이루어지는 협력 활동
- **임금**: 노동의 대가로 받는 돈　유의어 급여, 봉급
- **핵가족화**: 한 쌍의 부부와 미혼의 자녀만으로 구성된 소규모 가족이 많아지는 현상
- **비효율**: 들인 노력에 비해 결과가 만족스럽지 못함　반의어 효율
- **상부상조**: 서로서로 도움
- **공동 구매**: 여러 명이 모여 단체로 물건 따위를 구매하는 일. 물건을 대량으로 구입함으로써 가격 할인을 받을 수 있음

관련 교과	사회 3~4학년
개념명	경제적 교류

우리 조상들은 품앗이를 어떻게 활용했을까요?

우리 조상들은 농사뿐 아니라 집안의 크고 작은 일에도 품앗이를 활용했어요. 결혼, 장례 같은 행사에서는 이웃의 협력이 꼭 필요했지요. 결혼을 할 때, 우리 조상들은 이웃의 손을 빌려 음식과 손님 맞이를 준비했습니다. 장례를 치르는 경우, 이웃이 고인의 가족을 대신해 장례 음식을 만들어 주기도, 조문객 맞이와 장례 용품 준비 등, 장례를 도와주기도 했어요. 이러한 품앗이는 단순한 노동 교환을 넘어, 서로의 기쁨과 아픔을 함께 나누어 유대감을 형성하게 했지요.

현대 농촌 사회에서는 품앗이를 어떻게 사용하나요?

최근 농촌에서는 노동을 할 청년을 찾아보기 어려워졌어요. 할머니, 할아버지들은 힘든 농사일을 하기도, 서로의 노동을 빌리거나 갚기도 어렵지요. 다행히도 최근에는 농사를 도와주는 기계가 많이 생겨났어요. 덕분에 농사일에 예전만큼 많은 사람이 필요하지 않게 되었답니다.

이제 전통적인 형태의 품앗이는 사라지고, 필요하다면 임금을 주고 사람을 고용하게 되었어요. 기계를 빌리기 어렵거나 고용할 사람이 나타나지 않는 몇몇 농촌에서는 여전히 어려움을 겪고 있지요.

기계를 활용한 농사

생각의 힘

온라인이 발달한 현대 사회에서도 품앗이가 이루어질까요? 품앗이는 다양한 플랫폼과 커뮤니티에서 발견됩니다. 자신의 정보를 공유하기 쉬워진 만큼, 도움을 주고받는 모습을 어렵지 않게 볼 수 있지요. 특정 기술이나 지식을 나누고, 서로의 게시글에 댓글을 달아 주는 등 현대 사회에 적합한 새로운 형태의 품앗이가 생겨났지요. 사람들은 여전히 품앗이 정신을 이으며 함께 사는 기쁨을 느끼기도 한답니다.

인공지능이 발전한 미래 사회의 품앗이는 개인 맞춤형 서비스의 형태로 이루어지지 않을까요?

여름 과일 포도를 겨울에도 먹어요!

옛날에는 바나나, 체리 같은 수입 과일이 무척 비쌌어요. 특별한 날에만 먹을 수 있는 음식이었지요. 그러나 지금은 우리나라 제철 과일보다도 가격이 저렴한 수입 과일이 많습니다. 어떻게 이런 일이 가능해진 걸까요?

이는 자유 무역 협정 덕분입니다. 자유 무역 협정은 흔히 FTA(Free Trade Agreement)라고 불리지요. **FTA란, 나라와 나라가 무역을 할 때 과도한 세금이나 제한을 걸지 않기로 약속하는 일**을 말해요. 무역에 드는 비용을 낮춰 경제적인 부담을 줄이는 것이지요.

무역을 위해 떠나는 화물선

　우리나라는 2002년 칠레와 첫 FTA를 **체결**했습니다. 당시 칠레는 주로 포도와 와인, 구리 등 1차 산업 품목을 수출했고, 우리나라는 주로 자동차와 전자 제품 같은 2차 산업 품목을 수출했지요. 우리나라에서는 여름에 포도가 나지만, 칠레는 우리나라가 겨울일 때 포도가 난답니다. 칠레의 포도를 수입하면 언제든 포도를 사먹을 수 있겠지요? 실제로 칠레와 FTA를 체결한 후 1년 만에 칠레와 우리나라 사이의 무역량이 두 배 이상 늘어났어요.

　우리나라는 현재 쉰아홉 개 나라와 FTA를 맺고 있습니다.

그 중 미국과의 FTA가 우리나라에 가장 많은 영향을 미치고 있지요. 2007년 미국과 맺은 FTA 덕분에 우리나라와 미국 모두 많은 돈을 벌었어요. 우리나라의 자동차는 미국 시장에서 큰 성공을 거두었고, 미국의 **농축산물**도 우리나라에 많이 수입되었답니다. 문제는 저렴한 미국산 농산물 때문에 우리나라 농산물 판매량이 줄어들었다는 거예요. 농민들은 **생존권**을 보장해 줄 것을 요청하며 수많은 집회를 열었어요. 수입 쌀 반대 운동이 벌어지기도 했지요. 결국 정부는 쌀 수입량을 제한하여 국내 농민을 보호하는 정책을 내놓았습니다. 이렇듯 FTA를 맺을 때에는 이로 인해 피해를 입을 가능성이 있는 우리나라 산업을 고려해야 합니다.

앞으로 우리나라는 더 많은 나라들과 FTA를 체결하게 될 거예요. 세계로 뻗어가고자 하는 **다국적 기업**이 많아졌고, **국제 교류** 또한 더욱 활발해질 테니까요. 다만 FTA를 맺을 나라가 원하는 것이 무엇인지, 원하는 것을 얻기 위해 어떤 전략을 가지고 왔는지 유심히 살펴보아야 합니다. 그렇지 않으면 우리나라의 산업은 물론, 경제까지 위험해질 수 있거든요.

문해력 UP

- **무역**: 나라와 나라 사이에 서로 물품을 사고파는 일
- **체결**: 계약 등을 공식적으로 맺음
- **농축산물**: 농산물과 축산물을 합쳐 부르는 말
- **생존권**: 사람이 사람으로 사는 데에 필요한 모든 것을 국가에 요구할 수 있는 권리
- **다국적 기업**: 여러 나라에 회사를 거느리고 있으면서 세계적 규모로 물건을 생산하고 판매하는 기업
- **국제 교류**: 국가 간에 문화나 사상 따위를 서로 통하게 함

관련 교과	사회 5~6학년
개념명	무역

외국에서 재배된 과일들을 어떻게 이렇게 저렴하게 구매할 수 있는 걸까요?

주로 외국에서 수입해 오는 오렌지는 다른 과일에 비해 저렴한 가격을 유지하고 있습니다. 우리나라 기후는 오렌지를 키우기에 적합하지 않지만 미국에서는 오렌지를 대량으로 키워낼 수 있거든요. 오렌지가 자라는 데에 필요한 기후와 기술을 모두 갖고 있기 때문입니다. 미국은 저렴한 가격을 강점으로 내세워 오렌지를 다른 나라로 수출해요. 우리나라는 감귤이 시장에 나오는 시기를 피해, 저렴한 오렌지를 많이 수입해요. 최근에는 수입하는 데에 붙는 세금이 아예 없는 호주산 오렌지도 등장했어요. 이제는 계절에 관계없이 다양한 수입 과일을 맛 볼 수 있지요.

값싼 외국 쌀을 잔뜩 수입하지 않는 이유는 무엇일까요?

가장 큰 이유는 우리나라의 농업을 보호하기 위함이에요. 많은 나라가 자국의 주요 농산물 수입에는 기준을 정해 놓는답니다. 저렴한 수입 쌀이 시장에 많이 나오면, 상대적으로 비싼 우리나라의 쌀이 팔리지 않을 수 있어요. 우리나라 농민의 생계와 농촌 지역 경제에 위기가 닥칠 수 있지요. 그리고 주요 농산물을 수입에만 의존하는 건 아주 위험한 일이에요. 쌀 공급을 A 나라에 의존하고 있다고 상상해 봅시다. A 나라에 기후 위기나 정치적·경제적 문제가 발생할  경우 무역이 중단될 수 있어요. 우리나라는 A 나라에서만 쌀을 구해 왔으니, 언제든 식량 위기에 처할 수 있습니다. 따라서 정부는 우리나라 농부에게 각종 지원금과 보호 정책을 제공하여 우리나라가 스스로 쌀을 생산할 수 있도록 한답니다.

'신토불이'라는 말이 있어요. 몸과 땅은 둘이 아닌 하나라는 뜻으로, 자신이 태어난 땅에서 나온 농산물이 자신의 몸에 가장 잘 맞다는 말이지요. 사람들은 가격이 조금 비싸더라도, 신선한 우리나라 농산물을 선호하기도 해요. 가격이 저렴하다는 이유만으로 늘 수입 농산물을 선택하는 것은 아니랍니다.

또한 특정 지역에서만 생산되는 농산물의 고유한 맛을 즐기고, 이러한 농산물이 오래오래 우리 시장에 나오기를 바라기도 해요. 최근에는 수입 농산물이 우리나라로 오면서 발생하는 탄소 배출량을 줄이기 위해 우리 지역 농산물을 구매하는 사람들도 늘어났답니다.

우리 지역 농산물 소비는 환경을 고려한 지속 가능한 식생활이에요.

황금 알을 낳는 거위

〈황금 알을 낳는 거위〉라는 이솝우화를 알고 있나요? 이솝우화 속 농부는 황금 알을 낳아 주는 거위 덕분에 부자가 됩니다. 그러나 황금 알이 늘어날수록 마음 속에서 더 큰 욕심이 자라났지요. 하루에 한 알이 아니라, 두 알, 세 알, 더 많은 황금 알을 가지고 싶어진 거예요. 농부는 결국 거위의 배를 가르게 되었답니다.

하지만 거위 뱃속에는 황금 알이 없었어요. 농부의 마음에 후회가 몰려들었지만 후회해도 소용이 없었습니다. 거위는 죽고 말았지요. 하루에 황금 알 하나라는 기회는 이미 사라져 버렸어요. 이렇게 여러 가능성 중 하나를 선택함으로써 잃게 되는 나머지 가치를 **기회비용**이라고 부릅니다. 보통의 거위 알이 200그램이라면, **순도** 100% 황금 알은 **대략** 10킬로그램 정도라고 해요. 지금 **시세**로는 14억 원 정도 되는 금액이네요. 거위는 1년에 서른 개의 알을 낳는다니, 농부가 거위의 배를 가르지만 않았더라면, 1년에 420억 원을 벌 수 있었던 셈이지요. 그 돈을 저축하고 관리했다면 더 큰 금액으로도 만들 수 있고요. 당장의 이익만을 생각하는 것이 얼마나 큰 기회를 잃게 하는지 보여주는 이야기입니다.

우리는 때때로 이렇게 현명하지 못한 선택을 합니다. 황금

알을 낳는 거위로 오래도록 돈을 벌 기회를 놓친 농부처럼요. 가만히 기다리면 맛있게 익어 떨어질 감을, 참지 못하고 따버리고는 합니다. 아직 익지 않은 감은 떫기만 하지요.

 우리나라에도 비슷한 이야기가 있는데, 바로 〈원님과 항아리〉랍니다. 한 농부가 무슨 물건이든 두 개로 만들어주는 요술 항아리를 발견했습니다. 마을의 원님은 농부의 요술 항아리가 무척이나 탐이 났지요. 결국 농부에게서 항아리를 뺏어 자신의 방에 가져다 놓았답니다. 원님은 요술 항아리에 무엇을 집어넣을까 고민하며 비싼 물건들을 찾기 시작했어요. 부자가 될 생각에 아주 신이 났지요. 그런데 원님이 자리를 비운 사이, 원님의 아버지가 항아리 속에 들어간 것 아니겠어요? 원님은 두 명이 된 아버지를 보며 크게 후회했어요. 결국 항아리를 깨부수

고 아버지를 원래대로 돌려놓았답니다.

〈황금 알을 낳는 거위〉 이야기 속 농부도, 〈원님과 항아리〉 속 원님도 욕심에 눈이 멀어 화를 입었지요. 농부와 원님이 가능성을 헤아릴 줄 아는 어진 사람이었다면, 거위의 배를 가르는 일도, 남의 항아리를 빼앗는 일도 없었을 텐데요. **벼락부자**를 꿈꾼 그들은 결국 큰 기회비용을 잃고 말았습니다. 거위와 항아리가 사라졌으니, 아무것도 얻을 수 없게 되었지요.

우리 친구들은 나에게 주어진 조건들의 기회비용을 따져보고, 오래오래 이익을 볼 수 있는 조건을 선택하기를 바랍니다.

문해력 UP

- **기회비용** : 어떤 선택을 할 때 포기한 대안의 가치
- **순도** : 어떤 물질 가운데에서 주성분인 순물질이 차지하는 비율
- **대략** : 대충 어림잡아서
- **시세** : 일정한 시기의 물건 값
- **벼락부자** : 갑자기 된 부자 〖유의어〗 졸부

관련 교과	사회 3~4학년
개념명	합리적 선택

농부가 황금 알을 낳는 거위의 배를 갈랐을 때 발생하는 기회비용은 얼마일까요?

기회비용은 무언가를 선택함으로써 포기하게 되는 다른 가능성의 가치를 돈으로 나타낸 것을 의미해요. 당장의 이익을 상상하며 거위의 배를 갈랐을 때, 농부는 황금 알을 낳는 거위를 잃게 되었지요. 거위가 살아 있었다면 꾸준히 낳아 주었을 황금 알까지도요. 이 모두가 기회비용입니다. 농부는 어쩌면 평생 일하지 않고 돈을 벌 수 있었을지도 모릅니다. 무언가 선택하기 전에는 당장의 이익과 미래에 생겨날 이익을 비교해 보아야 해요. 꼭 돈이나 황금이 아니더라도 여러분 마음 속에 자리한 가치에 따라 적절한 선택을 해야 한답니다.

경제적 이익만을 좇는 사람은 사회에 어떤 영향을 미칠까요?

돈을 많이 벌고 싶어하는 건 자연스러운 욕구입니다. 돈이 있으면 먹고 싶은 것을 먹고, 사고 싶은 것을 살 수 있으니까요. 이러한 욕구는 사회에 긍정적인 영향을 주기도, 부정적인 영향을 주기도 한답니다. 더 많은 돈을 벌기 위
하여 노력하다 보면, 개인
의 성장을 넘어 새로운 기
술과 서비스를 만들 수 있
지요. 그러나 욕심이 앞서
다 보면 정말로 경제적 도
움이 필요한 사람들을 외
면하게 될 수도 있습니다.

우리는 **돈을 따라가기에 앞서, 도덕과 윤리에 관해 생각해야 합니다.** 불법을 행하면서까지 돈을 벌려고 하는 사람은 사회에 나쁜 영향을 미치겠지요. 나라에서는 법이나 규정을 통해 그러한 사람들을 경계하고, 모두가 건강한 경제 생활을 할 수 있도록 한답니다.

생각의 힘

'지속 가능성'이라는 말을 여기저기에서 들어 보았을 거예요. 지속 가능한 발전, 또는 **지속 가능한 개발이란, 환경을 보호하고 가난한 사람을 도우며 함께 성장하는 것을** 말해요. 현재 지구에 살고 있는 우리뿐 아니라, 미래에 태어날 사람들까지 고려하지요. 사회적·환경적·문화적 측면 등 다양한 분야에 관심을 두고 개인과 기업, 나라 모두가 노력하고 있답니다.

UN 보고서에서는 지속 가능한 발전을 "미래 세대가 필요한 것을 얻어낼 능력을 방해하지 않으면서, 현재 세대가 필요한 것을 사용할 수 있도록 하는 발전"이라고 정의했어요.

황금 알을 낳는 거위

인플레이션 vs 디플레이션
vs 스태그플레이션

인플레이션이란, 물건의 값이 계속해서 오르는 것을 말해요. 인플레이션의 원인은 무척이나 다양하지요. 화폐를 너무 많이 만들거나 은행에서 사람들에게 돈을 많이 빌려주면 시장에 많은 돈이 돌게 되는데, 이를 '**통화량**이 팽창했다.'라고 표현합니다. 시장에 돈이 많아지니 화폐의 가치가 떨어지고, 같은 물건을 더 많은 돈을 주고 구매해야 하는 상황이 벌어지는 거예요. 수입하는 물건의 가격이 오르면서 우리나라 **물가**가 함께 오르는 경우도 있고요. 코로나-19 같은 전염병에 영향을 받기도 합니다.

예전에는 〈만 원의 행복〉이라는 프로그램이 있었어요. 연예인들이 일주일 동안 만 원으로 생활하는 모습을 담은 프로그램이었지요. 지금은 만 원으로 하루는 커녕 한 끼 식사를 해결하기도 어려울 거예요. 버는 돈은 크게 늘지 않았는데 물건은 나날이 비싸지니, 사람들은 자연스럽게 물건 구매를 줄이게 됩니다. 이런 일이 오래 이어지면 나라의 경제는 점점 **침체**되고 말지요.

인플레이션과 다르게 **물건의 값이 떨어지면서 경제에 혼란이 생기기도 해요.** 이를 **디플레이션**이라고 합니다. 어제는 1000원이던 빵이 오늘은 800원이 되었다고 상상해 보세요. 여러분은 어떻게 할 건가요? 내일 빵이 더 저렴해질 수도 있으니, 한번 기다려보지 않겠어요? 실제로 일본은 '잃어버린 10년'이라고 불리는 디플레이션을 경험했어요. 물건 값이 떨어지자 사람들은 물건을 바로 구매하지 않고 기다렸어요. 물건이 팔리지 않으니 시장에 돈이 돌지 않고 경제가 나빠지게 되었지요.

이런 경우도 있습니다. 1970년대 미국은 **스태그플레이션**을 경험했어요. 스태그플레이션은 침체를 뜻하는 스태그네이션과 인플레이션을 합친 말이에요. **사람들의 소득이 줄어드는 동시**

에, 물건의 값이 오르는 일을 말하지요. 1970년대는 오일 쇼크로 석유 가격이 급격히 비싸진 시기예요. 석유를 사용하는 많은 물건의 가격이 상승했지요. 석유 값에 부담을 느낀 기업들은 일자리를 줄이고 임금을 올려주지 않았어요. 먹고 살기가 어려워지자 국민들 또한 소비를 줄여 갔지요. 경제 활동도 줄어들었고요.

　이보다도 심각한 상황이 있습니다. 바로 **하이퍼 인플레이션**이에요. 하이퍼 인플레이션은 **짧은 기간 안에 물가가 아주 가파르게 오르는 현상**을 말합니다. 빵 하나를 사기 위해 지폐로 가득 채운 수레를 끌고 가는 모습을 상상할 수 있나요? 제1차 세계 대전 이후, 독일은 여러 나라에 배상금을 보내야 했어요. 짧은 시간에 많은 돈을 찍어 내다 보니, 하이퍼 인플레이션을 겪게 된 것이지요. 실제로 빵 한 덩이가 200억 마르크에 팔리기도 했어요. 우리나라 돈으로 대략 12조 원이지요. 돈의 가치가 크게 떨어진 거예요. 경제는 혼란에 빠졌습니다. 2000년대에는 짐바브웨에서 하이퍼 인플레이션이 발생했습니다. 2차 콩고 전쟁 참전에 쓸 돈을 만들기 위해 화폐를 찍어 내다 혼란을 마주하게 된 것이지요. 금융 시스템이 무너지고 물건의 가격이 치솟았어요. 한 장에 100조의 가치를 가진 새로운 화폐까지 등장했다고 하니, 상황이 얼마나 심각한지 알 수 있지요.

문해력 UP

- **통화량**: 나라 안에서 실제로 쓰고 있는 돈의 양
- **물가**: 물건의 값, 상품의 시장 가격
- **침체**: 어떤 현상이나 사물이 나아가지 못하고 제자리에 머무름
- **디플레이션**: 시장에 화폐량이 줄어들어 물가가 낮아지고 경제 활동이 침체되는 현상
- **스태그플레이션**: 경기 어려운 와중에도 물가가 계속 오르는 현상

관련 교과	사회 5~6학년
개념명	물가

인플레이션이 발생하면 사람들은 왜 소비를 줄일까요?

 인플레이션이 발생하면 같은 물건을 더 많은 돈을 주고 구매해야 합니다. 물건의 값이 비싸지니, 사람들은 매일 사던 물건을 구매할 때도 고민을 하게 됩니다. 또 경제가 흔들릴 때에는 많은 사람이 미래에 불안감을 느껴요. 소비를 줄이고, 그만큼 저축을 많이 하고자 하지요. 은행은 인플레이션에 대처하기 위해 이자를 올려 시장에 도는 돈을 은행에 모으려고 합니다. 이런 상황에서는 은행에서 돈을 빌리기가 어렵지요. 이자가 높으니 추후 은행에 더 많은 돈을 돌려주어야 하니까요. 이 때문에 사람들은 소비를 줄이고 이자나 물가가 낮아지기를 기다린답니다.

물가의 변화는 우리 생활에 어떤 영향을 미칠까요?

 물가의 변화는 우리 생활에 다양한 영향을 미칩니다. 특히 일자리에 많은 영향을 주지요. 물가와 일자리의 관계를 처음 발견한 경제학자 필립스는 물가와 일자리 사이 관계를 '필립스 곡선'으로 설명해요. 이 곡선에 따르면, 물가가 낮을 때에는 많은 일자리가 사라진다고 해요. 반대로 일자리가 많을 때에는 물가가 높은 경향이 있다고 합니다. 물건

의 값이 올라 시장에 돈이 나오고, 경제가 활성화되면 기업들이 더 많은 사람을 필요로 하는 것이지요. 정부는 일자리와 물가 중 어느 것을 중요하게 생각해야 할까요?

생각의 힘

　코로나-19 팬데믹 이후, 전 세계는 다양한 인플레이션 문제를 겪고 있어요. 원자재 가격이 크게 올랐고, 각 정부에서 내놓은 각종 지원금으로 인해 너무 많은 돈이 시장에 나왔지요. 정부와 중앙은행은 이를 극복하기 위해 원자재를 들여오는 나라와 새로운 거래를 준비하고, 이자를 올려 시장에 나와 있는 돈을 은행으로 모이도록 합니다. 하지만 세계 이곳저곳에서 일어난 전쟁이 원자재 수입을 어렵게 하고 있어요. 또 과한 이자가 계속 유지되면 다른 경제적 문제가 발생할 수 있지요. 좋은 해결 방법이 필요한 순간입니다.

> 인플레이션 상황에서 실물 자산(부동산, 금, 원자재 등)은 가치가 커지는 경향이 있어요.

1초짜리 광고가 있다고요?

광고는 오래 전부터 존재했어요. 우리나라 최초의 광고는 1886년 한성주보에 게재된 독일 무역회사 '세창양행'이었다고 해요. 당시에는 광고라는 말 대신 알릴 고(告), 말할 백(白)자를 써서 고백이라는 용어를 사용했답니다. 광고라는 용어는 독립신문에서 처음 사용했어요. 안타깝게도 우리나라의 광고는 일제의 우리나라 신문 검열 등 **탄압**으로 제대로 힘을 쓰지 못했어요. 이런 상황 속에서도 동화약방은 오늘날 우리에게도 익숙한 활명수를 광고하며 착실히 수익을 거두었답니다. 그렇게 번 돈은 독립군과 임시 정부를 지원하는 데에 쓰였어요.

광복 이후 한 단계 경제 성장을 거친 우리나라의 광고는 활자 중심에서 영상 중심으로 변화했어요. 라디오와 텔레비전에서 수많은 광고가 쏟아졌지요. 제품의 홍보 효과를 높이기 위해 음악을

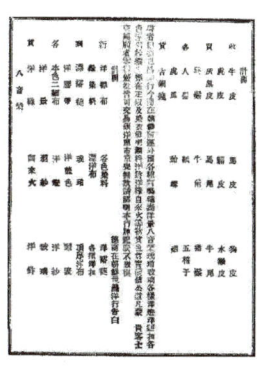

우리나라 최초의 신문 광고

함께 쓰기도 했답니다. 1960년대에는 광고 음악, 즉 CM송이 상당한 인기를 끌었어요. 귀에 쏙쏙 박히는 음악 덕분에 제품 또한 많은 관심을 받았지요. 특히 인기가 많은 텔레비전 프로그램들 사이에 들어가는 중간 광고 시간은 많은 제품 회사가 노리는 시간대였답니다. 광고료 또한 무척이나 비쌌지요.

세상에서 제일 비싼 광고는 무엇일까요? 미국 사람들이 아주 좋아하는 미식 축구 대회, 슈퍼볼 **중계**에 붙는 광고랍니다. 슈퍼볼 중계에 붙는 광고료는 초당 3억 원에 **육박**한다고 해요. 평균 40%의 시청률과 슈퍼볼 광고를 향한 세계의 관심이 광고 효과를 극대화하기 때문이지요. 3억 이상의 효과를 확신한 많

은 회사가 비싼 돈을 지불하고 광고를 건다고 합니다.

한편, 딱 1초로 승부를 보는 광고도 있답니다. **강박 신경증** 관련 광고인데요. 1초만으로는 절대 읽을 수 없는 글을 보여 주는 독특한 광고였어요. 이 광고를 본 사람들은 글을 읽기 위해 계속해서 되돌리기 버튼을 누르게 되는데요. 이 모습이 마치 강박 신경증과 같다는 깨달음을 주었지요. 해당 광고를 진행한 회사는 적은 돈으로 엄청난 광고 효과를 얻었답니다.

광고는 계속해서 다양하게 변하고 있습니다. 시청자 뇌리에 제품을 기억시키기 위해서지요. 일부러 이야기의 클라이막스에 영상을 끊어 부정적 감정을 활용하기도 하고, 전혀 이해할 수 없는 광고를 제시해서 사람들의 궁금증을 유발하기도 합니다. 무엇보다 최근에는 **스마트폰 및 컴퓨터를 주로 사용하는 소비자를 위해 연령대, 성별, 관심사 등을 고려한 맞춤 광고를** 제시해 광고 효과를 높이고 있습니다.

우리 친구들도 유튜브와 게임을 할 때 나오는 중간 광고들을 보며 저 물건이 갖고 싶다고 생각한 적 있지요? 기술이 발전하는 만큼 광고도 정교해지고 있습니다. 광고를 볼 때에는 저 물건이 정말 필요한 물건인지 곰곰이 생각해 보아야 하겠지요.

문해력 UP

- **광고**: 상품이나 서비스에 대한 정보를 여러 가지 매체를 통하여 널리 알리는 활동
- **탄압**: 권력이나 무력으로 억지로 눌러 꼼짝 못하게 함
- **활자**: 금속 윗면에 문자나 기호를 볼록 튀어나오게 새긴 것
- **중계**: 극장, 경기장, 국회, 사건 현장 등 방송국 밖의 상황을 방송국이 중간에서 연결하여 방송하는 일
- **육박**: 수치나 수준에 바짝 가까이 다가감
- **강박 신경증**: 강박 상태에서 헤어 나오지 못해 생기는 증상

관련 교과	국어 5~6학년
개념명	광고

광고는 어떻게 발전해 왔을까요?

원래 광고는 신문과 잡지를 통해 정보를 알리는 단순한 방식이었어요. 글과 사진을 활용해 상품과 서비스를 알리는 역할을 했지요.

1960년대에 등장한 텔레비전 덕분에, 광고는 시청자의 시각과 청각을 자극하는 영상으로 변화했어요. 아주 옛날에 나왔던 광고인데도 음악이나 장면을 기억할 정도로 유명한 광고가 많이 등장했지요.

시간이 지나 인터넷이 발달하면서 광고는 또 한번 모습을 바꾸었어요. 다양한 온라인 플랫폼의 성격에 따라, 소비자의 취향, 상황에 알맞는 광고를 보여줄 수 있게 되었지요. 많은 사람이 스마트폰을 사용하는 만큼 **사람들의 소비 습관, 광고 클릭 횟수를 분석해 광고에 활용**할 수도 있게 되었습니다. 광고는 주로 사용하는 매체가 무엇이냐에 따라 다른 모습으로 발전해 왔어요. 앞으로 또 어떤 광고가 등장하게 될까요?

매체가 다양해지면 광고도 늘어날까요?

여러분은 드라마를 볼 때, 어떤 매체를 가장 많이 이용하나요? 예전에는 드라마를 보려면 꼭 텔레비전 앞에 앉아야 했어요. 그러나 요즘은 언제 어디서든 드라마를 볼 수 있게 되었지요. OTT 서비스와 유튜브를 통해 옛날 방송 프로그램을 다시 볼 수도 있고요. 기업은 다양한 매체에 광고를 붙여 소비자에게 다가가고 있어요.

그런데 사람들이 광고에 피로감을 느끼기 시작했어요. 매체가 다양해진 만큼 너무 많은 광고가 등장한 것이지요. 광고 없는 콘텐츠를 희망하는 사람들이 늘어났고, 유튜브는 돈을 내면 광고를 없애 주는 시스템을 만들기도 했어요. 최근 광고 회사들은 시청자의 피로도를 고려해 꼭 필요한 광고를 만들기 위해 노력하고 있답니다.

생각의 힘

과장 광고의 책임은 누구에게 있을까요? 보통은 광고를 만든 사람, 즉 광고 회사가 책임을 지겠지요. 하지만 과장 광고가 나오기 전에, 광고를 확인하여 소비자가 피해를 입지 않도록 예방할 수는 없을까요? 광고에 기준을 마련하고, 이를 지키지 않았을 때에는 처벌을 받는 거예요. 회사가 스스로 정확하고 솔직한 정보를 제공하고자 노력할 수도 있습니다. 소비자가 광고를 믿을 수 있도록 회사의 이미지를 바꾸어 나가는 것이지요. 또한 경제 교육을 통해 소비자가 직접 광고의 정확성을 살필 수 있도록 돕는 것도 중요하겠지요.

> 과장 광고는 한국소비자원, 공정거래위원회, 소비자상담센터(1372) 등에 신고할 수 있어요.

음식 배달비가 공짜?

옛날에 사람들은 주로 집에서 음식을 만들어 먹었어요. 집마다 다른 '입맛'과 '손맛'을 가지고 있었지요. 시간이 지나고 맞벌이를 하는 가정이 늘자, 밖에서 음식을 사 먹는 일이 많아졌어요. 식당도 많아졌지요. 하지만 지금처럼 다양한 음식을 팔았던 것은 아니에요. 그때의 외식은 짜장면을 먹는 정도였답니다. 졸업식, 이삿날 등 중요한 날에는 어김없이 짜장면을 먹으러 갔어요. 짜장면을 배달해주는 곳도 생겨났지요. 중화요리점에 전화를 걸어 짜장면을 주문하면, 가게의 직원이 음식을 배달해 주었어요. 음식을 담은 철가방과 신속 정확한 움직임은 한동안 배달의 상징이었지요.

철가방을 가지고 음식을 배달하는 사람

2000년대에 들어서며 많은 사람이 스마트폰을 사용하게 되었습니다. 배달 음식도 훨씬 다양해졌고요. 짜장면은 물론, 치킨, 피자 등 맛있는 음식들을 간편하게 주문할 수 있게 되었어요. 이렇게 외식과 배달 음식은 우리 삶에 한 부분을 차지하게 되었습니다.

그런데 2019년 겨울, 코로나-19 팬데믹으로 우리의 외식 문화는 또 한 번 큰 변화를 맞이하게 됩니다. 전염병을 걱정한 사람들이 외출을 줄이면서 배달 음식이 **불티나게** 팔리기 시작한 거예요. 코로나-19 팬데믹 기간 동안 사람들은 평소의 세 배가량 많은 돈을 배달 음식에 썼어요. 배달의 민족, 쿠팡이츠 등 배달 서비스가 **우후죽순** 생겨나 서로 경쟁하기 시작했답니다.

배달 음식을 찾는 사람이 많아지자 '배달비'가 새로운 문제로 떠올랐습니다. 배달비를 절약하려고 음식을 포장하거나 음식점에서 식사를 하고 오는 사람들이 늘어났지요. 배달 서비스 업체들은 돈을 내고 멤버십에 가입하면 무료로 음식을 배달해 주는 이벤트를 내놓기 시작했어요. 늘어난 고객을 놓치지 않기 위한 **락인 효과**를 노리는 것입니다. 락인이란, 영어로 Lock-In, 가둔다는 의미입니다. **소비자가 어떤 상품이나 서비스를 한 번 이용하기 시작하면, 다른 상품이나 서비스로 떠나지 못하게 막는 전략**이지요.

그런데 배달비를 받지 않아도 괜찮은 걸까요? **고객을 떠나보내지 않기 위한 전략은 기업의 손해로, 출혈 경쟁으로 이어질 수 있어요.** 손해를 보면서까지 출혈 경쟁을 하는 이유는 무엇일까요?

출혈 경쟁은 지금보다 미래를 바라 본 전략이에요. 당장은 회사에 부담이 되겠지만, 나중에 유일한 배달 서비스로 자리 잡으면, 큰 이익을 얻을 수 있거든요. 경쟁 회사가 사라진다면, 배달비를 엄청 올려도 소비자는 어쩔 수 없이 하나 남은 배달 서비스를 이용해야 하니까요.

그런데 몇몇 회사는 고객이 내지 않는 배달비를 사실상 **점**

주에게 요구하고 있다고 해요. 배달 서비스를 이용하는 음식점 사장님들의 어려움이 여기저기서 들려 오지요. 편리하다는 이유로 사용했던 일회용품 포장 용기를 향한 우려의 목소리도 나오고 있어요. 플라스틱은 건강은 물론, 환경에도 좋지 못한 영향을 끼칠 수 있거든요. 우리 친구들은 어떤 선택을 할 건가요? 편리함인가요? 아니면 환경? 이제는 모두가 걱정 없이 사용할 수 있는 배달 서비스를 준비해야 할 때입니다.

문해력 UP

- **불티나다**: 물건을 내놓기가 무섭게 빨리 팔리거나 없어짐
- **우후죽순**: 비가 온 뒤 여기저기 솟는 죽순이라는 뜻으로, 어떤 일이 한때에 많이 생겨남을 비유적으로 표현한 말
- **락인 효과**: 고객이 다른 상품이나 서비스로 옮겨 가지 못하도록 묶어 두는 일
- **출혈 경쟁**: 손해를 무릅쓰고 하는 경쟁
- **점주**: 가게의 주인

관련 교과	사회 5~6학년
개념명	기업

외국 사람들은 왜 우리나라 배달 서비스에 놀라워 하나요?

우리나라에 온 외국 사람들이 가장 놀라워하는 것 중 하나는 우리나라의 배달 서비스예요. 외국인에게는 손가락만 몇 번 움직이면 한식, 중식, 양식부터 디저트와 음료까지 주문할 수 있다는 점이 특히 놀라운 일이라고 해요. 대부분의 음식이 도착하는 데에 1시간이 채 걸리지 않는다는 점도요. 다수의 국가는 배달 음식의 종류가 얼마되지 않을 뿐 아니라, 음식 주문부터 배달을 받는 데까지 오랜 시간이 걸리기 때문이지요.

출혈 경쟁으로 독점에 성공한 기업이 있나요?

기업의 출혈 경쟁은 소비자에게 잠시 동안은 이익을 줍니다. 택시 회사 우버는 처음 시장에 등장했을 때부터 저렴한 가격으로 많은 고객을 끌어 들였어요. 다른 회사들은 결코 따라갈 수 없는 수준의 값싼 택시비였지요. 많은 택시 업체가 우버에게 자리를 내어 주게 되었어요. 우버는 전 세계 주요 도시로 빠르게 뻗어 나갔습니다.

출혈 경쟁으로 인한 특정 회사의 서비스 독점은 소비자의 선택지를 줄이는 결과로 이어집니다. 서비스의 가격이나 질이 별로더라도, 소비

자는 하나 남은 회사의 서비스를 이용할 수밖에 없기 때문이지요. 경쟁 회사를 사라지게 만드는 심한 출혈 경쟁은 결국, 소비자와 사회에 부정적인 영향을 줄 수 있답니다.

생각의 힘

우리나라는 저녁에 물건을 주문하면 다음 날 새벽, 집 앞에 도착하지요. 휴지 같은 생필품, 신선도가 중요한 식품, 다음 날 수업에 필요한 줄넘기까지. 많은 물건이 새벽 배송으로 배달됩니다. 마트에 체계적인 물품 정리 방법과 시간대별로 상시 근무하는 배달원이 있어 가능한 일이지요. 그러나 새벽 배송 서비스도 완벽한 것은 아니에요. 일반 배송보다 가격이 비싸고, 예상치 못한 상황이 일어나면 배송이 늦어질 수 있습니다. 또 상품을 포장하는 데에 쓰이는 비닐, 스티로폼 등은 환경 문제로 이어져요. 밤새, 또는 너무 이른 시간에 배달을 해야 하는 배달원의 건강도 문제가 되지요. 안전한 배송 서비스를 만들어 가려면 어떻게 해야 할까요?

> 다양한 배송 서비스는 우리 생활을 더욱 편리하게 만들어 주었어요.

국가 부도와
금 모으기 운동

　우리나라는 1988년 서울 올림픽 개최와 함께 큰 경제 성장을 이루었습니다. '한강의 기적'이라는 말이 나올 만큼 어마어마한 **호황**이었지요. 1996년에는 여러 나라가 모여 전 세계의 경제에 대해 토론하는 OECD에 가입했으며, 세계에서 열한 번째로 많은 돈을 버는 나라가 되었지요. 그러나 바로 다음 해, 예상하지 못한 위기가 찾아 옵니다.

　당시 아시아의 여러 나라가 경제적인 위기에 처해 있었지만, 우리나라는 수출에서도, 환율에서도 별문제를 찾아 볼 수 없었어요. 나라가 돈을 벌기 시작한 김에 외국에서 많은 돈을 빌려와 기업들을 성장시키는 데에 집중했지요.

하지만 외국 사람들은 아시아 경제 전체에 불안함을 느꼈어요. 한국에 투자를 망설이기 시작했고, 많은 **외화**가 빠르게 빠져나갔습니다. 작은 회사, 대기업 가릴 것 없이 모두 **부도**가 났고 많은 사람이 일자리를 잃었어요. 주식, 부동산 가격이 크게 떨어졌고 빚을 감당하지 못한 사람들이 줄지어 등장했지요. 가정이 무너지고 노숙자들이 늘어났어요.

결국 1997년 우리나라는 국제 통화 기금, IMF에 도움을 요청합니다. **IMF는 전 세계 경제 문제를 해결하기 위해 만들어진 조직**이지요. 그때 우리나라는 195억 달러나 되는 빚을 안고 있었습니다.

이 이야기는 여기서 끝이 아니랍니다. 우리나라가 이 **부채**를 4년 만에 모두 갚았다는 사실, 알고 있나요? 외국에서도 놀라움을 숨기지 못했어요. 이렇게 빨리 빚을 갚을 수 있었던 건 국민 모두가 힘을 합쳤기 때문입니다. 온 국민이 국산품 쓰기, 외

국 식당 안 가기, 전기 아끼기, 2달러 씩 모으기, 금 모으기 등 다양한 노력을 멈추지 않았지요.

특히 **금 모으기 운동**이 큰 도움이 되었습니다. 온 국민이 돌 반지, 결혼 반지 등 가지고 있는 금을 **십시일반** 내놓기 시작했습니다. 연예인은 물론 정치인, 종교인까지 나서 금 모으기 운동을 이어갔어요. 누군가 이름을 밝히지 않은 채 금괴를 기부하는 일도 있었답니다. 무려 350만 명 이상이 금 모으기 운동에 참여해 227톤의 금을 모았어요. 우리나라에 모인 금 때문에 국제 시장에서의 금 값이 떨어질 정도였다고 하니 그 양이 어느 정도였는지 짐작이 가지요? 전 세계를 둘러보아도 찾을 수 없는 대단한 일입니다.

그렇게 우리나라는 다시 경제적 안정을 찾았어요. 2023년 기준, 우리나라는 세계에서 아홉 번째로 많은 자산을 가진 나라가 되었으며, 경제 면에서 동아시아 국가 중 가장 두터운 신뢰를 받는 국가가 되었답니다.

문해력 UP

- **호황**: 경기가 좋은 상황으로 대부분의 기업 활동이 좋은 상태
- **외화**: 외국의 돈
- **부도**: 돈을 받기로 한 날짜가 되었는데도 돈을 받지 못하는 일
- **부채**: 남에게 빚을 짐. 또는 그 빚
- **십시일반**: 밥 열 술이 한 그릇이 된다는 뜻으로, 여러 사람이 조금씩 힘을 합하면 한 사람을 돕기 쉬움을 의미하는 말

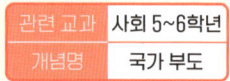

관련 교과	사회 5~6학년
개념명	국가 부도

온 국민이 힘을 모아 경제 위기를 이겨내고자 했던 일이 또 있을까요?

나라의 경제 위기를 온 국민이 함께 극복하고자 했던 또 다른 일로는 '국채 보상 운동'이 있어요. 1907년 일본은 우리나라를 경제적으로 지배하고자, 1천 3백만 원을 강제로 빌려주었습니다. 우리 국민들은 빚을 갚기 위해 값비싼 물건과 돈을 내놓았지요. 안타깝게도 국채 보상 운동은 실패로 돌아갔지만, 나라의 위기 앞에 온 국민이 힘을 합칠 수 있다는 것을 보여주는 계기가 되었습니다.

우리나라의 쌀을 모아 둔 일본

IMF와 같은 국제기구에는 또 어떤 것들이 있을까요?

다른 국제기구도 많이 있지요. 첫 번째로 소개할 국제기구는 세계 무역 기구 WTO예요. WTO는 자유로운 무역을 통해 전 세계가 경제적으로 성장할 수 있도록 돕지요. 무역으로 인한 국가 사이 싸움이 벌어졌을 때, 이를 해결하는 역할도 해요. 다음은 경제 협력 개발 기구 OECD예요. **OECD에 가입한 국가들은 세계 경제를 발전시키기 위해 협력**하지요. 현재 OECD에는 서른여덟 개 나라가 가입되어 있어요. 우리나라는 1996년에 스물아홉 번째 회원국이 되었지요.

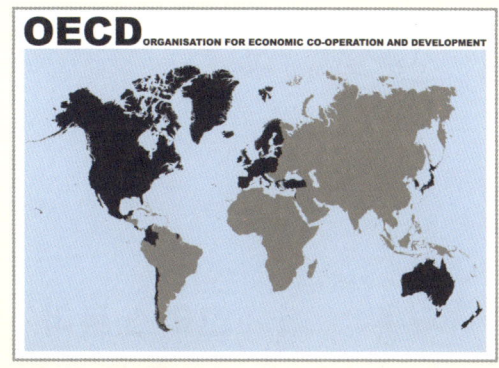

OECD 가입 국가를 표시한 지도

생각의 힘

그리스도 2009년에 심각한 경제적 위기를 맞았어요. 회사 몇 개가 아니라 나라 자체가 부도의 위기에 처했지요. 국제기구로부터 도움을 받을 수밖에 없었고, 국제기구의 지시에 따라 많은 정책을 뜯어 고쳐야 했답니다.

국가 부도에 다다른 나라는 세계의 신뢰를 잃고 맙니다. 다른 나라와의 거래가 더욱 어려워지지요. 일자리를 잃은 사람들은 불안감에 빠져 최대한 돈을 모으려 하고, 사람들이 돈을 쓰지 않으니 음식점이나 마트도 활기를 잃어요. 국가 부도는 이렇게 사람들의 삶을 어렵게 만들지요.

국민은 저축, 소비, 투자 등의 경제 활동을 통해 국가의 경제 성장에 영향을 줘요. 국가는 국민의 경제 활동과 삶의 질에 영향을 주지요.

그리스 로마 신화 속
재물 이야기

손을 대는 일마다 큰 성공을 거두는 사람에게 '미다스의 손'을 가졌다고 말합니다. 그리스 로마 신화에 나오는 미다스 이야기로부터 전해지는 말이지요.

미다스는 술의 신 디오니소스의 스승, 실레노스를 만나요. 미다스는 술에 취한 실레노스를 크게 **환대**해 주지요. 자신의 스승을 정성스레 맞이해 준 것에 감동한 디오니소스는, 미다스에게 어떤 소원이든 들어주겠다고 말합니다. 미다스는 손에 닿는 것이면 무엇이든 황금이 되게 해 달라고 부탁해요. 디오니

야코프 요르단스, 〈미다스의 심판〉

소스는 더 좋은 소원이 있을 거라고 생각했지만, 스승을 보살펴 준 미다스의 부탁이니 흔쾌히 소원을 들어줍니다.

그러나 미다스는 곧 자신이 끔찍한 소원을 빌었다는 것을 알게 됩니다. 배가 고파 빵을 먹으려는 순간 빵이 황금으로 변했고, 목이 말라 물을 뜨려는 순간 물이 황금으로 변해 버립니다. 먹을 수도, 마실 수도 없게 된 거예요. 미다스는 그제야 황금을 잔뜩 가진다고 해서 반드시 행복해지는 것은 아니라는 사실을 깨닫습니다. 미다스는 두 팔을 벌리고 자신의 잘못을 고백했지요. 이를 듣게 된 한 신이 미다스에게 팍톨로스 강에 머리와 몸을 담가 죄를 씻으라고 말했어요. 미다스가 강에 들어가자 황

금을 만드는 능력이 강물에 녹아 들었고, 그때부터 팍톨로스 강에서는 금빛 모래와 **사금**을 찾아 볼 수 있게 되었다고 해요.

그리스 로마 신화에 나오는 또 다른 재물 이야기를 해 볼까요? 지하 세계, 저승의 신 하데스를 알고 있나요? 하데스는 죽은 자의 영혼을 보살피고, 다양한 보석과 보물을 지키는 신입니다. 하데스의 주변엔 늘 금과 보석이 가득해, 풍요로움을 뜻하는 '플루톤'이라고 불리기도 했답니다.

하데스 정말 많은 것을 가지고 있었어요. 쓰기만 하면 어떤 공격에도 상처받지 않는 투명 **투구**도 가지고 있었고, 지하에 묻힌 금, 철, 석유 등 자원도 하데스의 것이었어요. 상상하기만 하면 음식과 꽃, 고소한 견과류가 쏟아져 나오는 뿔 모양의 바구니 코르누코피아의 주인도 하데스였답니다. 이 모든 것을 가진 대신 영영 지하에서 살아야 했지만요.

하데스의 부인 페르세포네는 봄의 신으로 1년 중에 반은 하데스를 떠나 지상을 돌보아야 했어요. 지하세계에는 아름다운 보석과 다양한 보물이 가득한데도, 페르세포네는 늘 답답함을 느꼈답니다. 페르세포네가 재물보다 자유를 더 소중하게 생각했기 때문이지요.

그리스 로마 신화 속 재물 이야기는 우리에게 많은 교훈을 줍니다. **많은 황금을, 신비한 보물을 가진다고 해서 반드시 행복해지는 것은 아니라는 사실 말이에요.** 누군가 우리 친구들에게 많은 보물을 줄 테니, 평생을 지하 세계에서 살아야 된다고 말하면 어떻게 할 건가요? 보물을 택할 건가요? 아니면 지금의 상황에 만족할 것인가요?

문해력 UP

- **환대** : 반갑게 맞아 정성껏 후하게 대접함
- **사금** : 물가나 물 밑의 모래 또는 자갈 속에 섞인 금
- **투구** : 군인이 전투할 때 적의 화살이나 칼날로부터 머리를 보호하기 위하여 쓰던 쇠로 만든 모자

관련 교과	국어 3~4학년
개념명	탐욕

🔍 미다스의 손 이야기가 주는 교훈은 무엇인가요? 미다스의 손이라는 별명을 가진 기업은 어떤 기업일까요?

미다스 이야기는 과한 욕심이 나쁜 결과를 불러올 수 있다는 교훈을 줍니다.

'미다스의 손'이라는 별명을 가진 기업은 손대는 것마다 성공시키는 기업이라는 의미일 수도 있지만, 지금 당장의 이익만 생각하는 기업이라는 의미일 수도 있어요. 기업만의 가치, 윤리를 세우지 않고 돈을 버는 데에만 집중하는 기업은 사회에 좋지 않은 영향을 미칠 수 있지요. 미다스의 손이라고 평가받는 기업을 주의 깊게 살펴보아야겠습니다.

🔍 우리나라도 재물에 관련된 신이 있을까요?

'업신'을 알고 있나요? 업신은 한국 신화와 무속 신앙에 나오는 재물의 신이에요. 집 창고에 살면서 집안의 재산을 지켜주는 착한 신이지요. 사람들은 집에 좋지 않은 일이 생기면 업신이 살아있는 동물의 모습으로 나타나 집을 보호해 준다고 믿었어요. 업신을 나쁘게 대하면 집안이 쫄딱 망할 거라고 생각하기도 했지요. 그래서 사람들은 집에 뱀, 족제비, 두꺼비, 지네 등이 들어오면 좋은 일이 생길 거라고 믿

었습니다. 곳간이나 장독대 옆에 업신을 모시기 위한 짚을 마련해 두기도 했지요.

생각의 힘

그리스 신화 속 신들 중 어떤 신이 되고 싶나요?

헤르메스는 물건을 사고파는 일과 사람, 각종 재물과 아주 가까운 관계예요. 그의 힘이라면 현대의 우리 사회에도 충분한 영향을 줄 수 있을 거예요. 앞서 소개한 디오니소스는 어때요? 디오니소스는 자연의 동식물, 포도와 포도주를 다스린답니다. 관광업에 관심이 있는 친구들이라면 디오니소스의 능력을 마음에 들어 할 거예요.

신화에는 그 시대 사람들이 전하는 문화적 가치와 규범이 담겨 있어요.

뉴욕의 타임스 스퀘어, 한국의 명동 스퀘어

'타임스 스퀘어'를 알고 있나요? **타임스 스퀘어는 뉴욕 맨해튼에 있는 교차로** 입니다. 높은 빌딩이 가득하지요. 독특한 점은 빌딩 벽에 전광판이 붙어 있다는 거예요. 이곳은 밤에도 번쩍번쩍 빛이 난답니다. 타임스 스퀘어는 세계에서 가장 많은 사람이 모이는 교차로예요. 매일 300만 명쯤 되는 사람들이 타임스 스퀘어를 지나가지요. 1904년 뉴욕을 대표하는 신문사, 뉴욕 타임스가 본사를 이곳으로 이동하면서 타임스 스퀘어라는 이름이 붙게 되었답니다.

뉴욕의 타임스 스퀘어

매년 12월 31일, 타임스 스퀘어에서는 공(Ball)이 떨어진다(Drop)는 뜻의 볼드랍 행사가 열려요. 전 세계 사람들이 이곳에서 새해를 맞이하고자 하지요. 수천 개의 LED 조명으로 이루어진 공이 타임스 스퀘어 꼭대기에서 내려오면 축제가 시작됩니다. 새해의 시작과 함께 다양한 공연과 유명 **인사**를 볼 수 있지요. 많은 사람과 함께 새해를 축하하는 거예요. 경제적 효과도 엄청나답니다.

볼드랍 행사에는 전 세계 사람들이 모인다고 했지요? 사람들은 다양한 교통수단을 이용해 타임스 스퀘어로 향합니다.

거리에 사람들이 오가는 모습

12월 31일에서 1월 1일로 넘어가는 밤에 행사가 시작되니, 잠을 잘 호텔도 예약해야겠지요. 지치지 않기 위한 음식도 필수입니다. 이곳에서만 볼 수 있는 기념품도 놓칠 수 없지요. 실제로 볼드랍 행사 기간에는 타임스 스퀘어 근처 호텔의 90% 이상이 가득 찬다고 해요. 숙박 비용은 100만 원에 달한답니다. 사람이 많이 모이는 행사인 만큼 안전 요원, 아르바이트생, 행사 **협조** 직원 등 **수천 개의 임시 일자리가 생기기도 해요**. 이렇게 볼드랍 행사를 찾는 사람들이 쓰는 금액을 모두 합치면 3천억 원이 훌쩍 넘는다고 합니다. 관광객뿐 아니라 기업들도 볼드랍 행사에 돈을 지불해요. 사람들이 모였을 때, 자신들의 제품을 광고하려는 것이지요. 여러 기업이 행사의 **스폰서**로 참여하고 있어요. 이는 뉴욕의 경제 활성화에 좋은 영향을 줍니다.

　서울은 명동을 한국판 타임스 스퀘어로 만들고자 노력하고 있습니다. 건물 벽에 대형 전광판을 붙여 사람들의 관심을 유도하려 노력하고 있지요. 명동 스퀘어가 만들어지면, 1년에 500억 원 정도의 수익이 날 것이라고 예상됩니다. 벌써 많은 사람이 명동에 방문하기 시작했답니다. 화려한 볼거리와 함께 명동 스퀘어가 한국의 새로운 **랜드마크**가 될 것이라니, 기대되지 않나요?

문해력 UP

- **교차로**: 두 길이 엇갈린 곳. 또는 서로 엇갈린 길
- **인사**: 사회적 지위가 높거나 사회적 활동이 많은 사람
- **협조**: 힘을 보태 도움
- **스폰서**: 행사, 자선 사업 등에 기부금을 내어 돕는 사람이나 단체
- **랜드마크**: 랜드(Land)와 마크(Mark)의 합성어로 지역을 대표하는 독특한 시설이나 자연을 나타내는 말

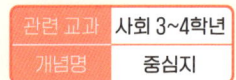

다른 나라의 연말 행사는 어떤 모습일까요?

우리나라는 12월 31일 자정, 서울 보신각에서 제야의 종을 치는 타종 행사를 해요. 제야의 종소리를 듣기 위해 많은 사람이 보신각에 모이고, 각종 텔레비전 프로그램에서 이를 방송하지요.

일본에는 '조야노카네'라는 전통이 있어요. 전국의 모든 사찰이 종을 백팔 번 울려 백팔 개의 괴로움을 없애고 새로운 마음으로 새해를 맞이하는 의미가 있다고 해요.

영국 런던에는 커다란 시계탑이 있어요. 런던의 랜드마크 중 하나인 빅 벤이지요. 영국 사람들은 빅 벤의 종소리를 들으며 불꽃놀이와 함께 새해를 축하해요.

스페인에는 12월 31일 자정, 열두 번의 종소리에 맞춰 포도를 한 알씩 먹으며 소원을 비는 재미있는 새해 전통이 있어요.

독일에서는 새해가 되면 납을 녹여 물에 부어요. 굳은 납의 모양을 보면서 새해의 운세를 점쳐 본답니다.

나라별 랜드마크에 대해 알아 볼까요?

랜드마크는 나라의 문화와 역사를 상징해요.

미국의 자유의 여신상

미국의 '자유의 여신상'은 미국의 자유와 민주주의를 상징해요. 1886년 프랑스가 미국 독립 100주년을 기념하며 선물로 준 것이지요.

프랑스의 '에펠탑'은 전 세계에서 가장 유명한 랜드마크이자 프랑스의 기술력과 예술성을 대표해요. 1889년 프랑스 혁명 100주년을 기념하여 만들어졌지요.

프랑스의 에펠탑

생각의 힘

타임스 스퀘어는 지역의 경제를 활성화하고, 거리에 생기를 불어넣어요. 하지만 부정적인 부분도 있습니다. 많은 사람이 찾는 거리인 만큼, 땅값과 건물 값이 너무 비싸다는 거예요. 돈이 많은 대형 기업만이 타임스 스퀘어에서 살아 남을 수 있었습니다. 작은 가게를 운영하는 일반 사람들은 다른 거리로 떠나야만 했어요. 많은 관광객의 방문은 건물값이나 환경, 교통 문제로 이어질 수 있습니다. 타임스 스퀘어가 인기를 얻기 전부터 거리에 자리하던 사람들은 기존의 삶을 포기하거나, 더 많은 돈을 벌기 위해 애쓸 수밖에 없었지요.

> 경제를 배우는 이유는 기준, 조건, 용도에 맞는 선택을 하기 위해서예요. 선택을 하기 전에는 좋은 점과 나쁜 점을 골고루 살펴야 해요.

올림픽은
얼마일까요?

올림픽은 세계에서 가장 큰 국제 행사이자, 스포츠 축제입니다. 올림픽은 여름에 열리는 것과 겨울에 열리는 것이 있는데요. '올림픽' 하면 보통 여름에 열리는 하계 올림픽을 말합니다. 각각의 올림픽은 **4년마다 한 번씩** 돌아오지요.

올림픽은 언제부터 열리게 된 것일까요? 국제 올림픽 위원회(IOC)가 진행하는 올림픽은 고대 그리스에 시작되었습니다. 1896년 그리스 아테네에서 제1회 올림픽 이후, 1988년 서울에서도 올림픽이 열렸지요. 올림픽으로 우리나라는 약 386억 원

올림픽 공원에 있는 세계평화의 문

정도 손해를 보았습니다. 하지만 여러 나라 사람들에게 우리나라를 알려 관광객을 이끄는 계기가 되었지요. 올림픽을 위해 만든 종합운동장, 올림픽 공원은 지금까지도 서울의 랜드마크로 자리하고 있습니다. 게다가 올림픽 덕분에 34만 명이나 일자리를 얻었다고 해요. 이렇듯 올림픽은 경제에 다양한 영향을 미칩니다.

올림픽을 준비할 때는 이익이 되는 부분과 손해가 될 수 있는 부분을 잘 따져 보아야 해요. 스위스 로잔 대학교의 연구에 따르면 올림픽 **개최 비용**은 약 168조 원, 올림픽으로 얻는 이익은 98조 원 정도라고 해요. 손해를 볼 확률이 높은 만큼 많은

2024 파리 올림픽 풍경

  고민이 필요하겠지요. 코로나-19의 기운이 남아있던 시기, 일본 도쿄에서 올림픽이 열렸어요. 이전에 열렸던 올림픽에 비해 참여하는 사람도, 관심을 갖는 사람도 적을 수밖에 없었지요.

  바로 다음, 올림픽을 열게 된 프랑스 파리는 이러한 상황을 이겨내기 위해 새로운 시도를 해요. **도시 재생**을 통한 가성비 올림픽이었습니다. 프랑스가 올림픽을 위해 만든 경기장은 파리 아쿠아틱 센터 하나뿐이에요. 올림픽을 위해 지은 대규모의 경기장이 **애물단지**로 남았던 다른 나라의 일을 교훈 삼은 것이지요. 프랑스는 이미 지어져 있는 시설을 이용하기로 했어요. 파리는 100년 전에도 올림픽을 열었는데요. 그때 지었던 선수촌을 새롭게 단장하기로 결정한 거예요. 파리는 오랜 시간 방치된 선수촌과 주변 지역을 되살리기 시작했지요.

이렇게 지어져 있던 건물을 다시 활용함으로써, 파리는 1조 5천억 원에 달하는 비용을 아꼈다고 합니다. 올림픽에 들어간 비용을 모두 합쳐도 다른 나라가 쓴 돈에 절반 밖에 되지 않았지요. 올림픽으로 벌어들인 돈은 16조 원 정도라고 하니, 그야말로 가성비 올림픽으로 불릴 만하지요.

문해력 UP

- **개최 비용**: 행사나 대회를 개최하는 데에 쓰이는 비용
- **도시 재생**: 인구의 증가나 산업 기술의 발달로 도시가 해야 할 일을 제대로 할 수 없게 되어 가는 것을 막고, 변화에 적응할 수 있도록 하는 사업
- **애물단지**: 몹시 애를 태우거나 성가시게 구는 물건이나 사람
- **고용 효과**: 특정 행사나 프로젝트가 일자리 수에 미치는 긍정적인 영향

관련 교과	사회 5~6학년
개념명	경제성장

🔍 올림픽으로 얻게 되는 고용 효과는 무엇일까요? 어떤 일자리가 생길지 상상해 봅시다.

올림픽을 열고자 하는 여러 이유 중 하나는 '**고용 효과**'입니다. 사람들이 찾아 올 것에 대비해 건물을 짓고 다리를 놓는 동안, 많은 일자리가 생겨나지요. 올림픽이 진행되는 동안에도 교통, 보안, 청소 등 다양한 분야의 일자리가 생겨나요. 올림픽을 보기 위해 관광객이 찾아오면 숙박, 음식, 관광 관련 일자리도 생기지요. 올림픽 중계를 위해 방송 업계에서도 많은 사람을 필요로 한답니다.

🔍 서울 올림픽을 위해 건설했던 올림픽 경기장은 현재 어떻게 활용되고 있을까요?

서울 올림픽 주경기장은 1988년 서울 올림픽을 위해 1984년 9월에 만들어졌어요. 최대 10만 명이 들어갈 수 있는 우리나라에서 가장 큰 경기장이지요. 올림픽이 끝난 뒤에도 서울 국제 마라톤 등 육상 경기, 축구 대회, 대형 콘서트가 열리고 있어요. 만들어진 지 40년이 넘은 경기장인 만큼 꾸준한 관리가 필요하겠지요. 서울시는 경기장을 오래도록 안전하게 사용할 수 있도록 노력하고 있답니다.

서울 올림픽 주경기장의 풍경

생각의 힘

1896년 아테네 올림픽을 시작으로 오늘날의 올림픽이 생겨났어요. 튼튼한 신체와 세계 청년의 우정을 그리는 올림픽은 최근 지나치게 상업화되었다는 평가를 받고 있어요. 그럼에도 올림픽의 정신을 일깨워 주는 감동적인 이야기가 전해지고 있지요.

아프리카에서 가장 가난한 나라인 차드의 마다예 선수는 올림픽에 나가기 위해 혼자 양궁을 배웠어요. 유튜브로 한국 양궁 선수들이 활을 쏘는 모습을 보면서 말이에요. 2024년 파리 올림픽에서 마다예는 유니폼도 보호대도 없이 경기장에 나타났지요. 결국 우리나라 국가대표 김우진 선수와의 경기에서 1점을 쏘고 말았지만, 끝까지 포기하지 않는 그의 모습은 많은 이에게 감동을 주었습니다.

> 올림픽에도 광고가 붙는다는 사실 알고 있나요? 선수들이 입는 옷이나 신발 등에 선수를 지원하는 회사의 로고와 이름이 그려져 있지요.

올림픽은 얼마일까요?

최초의 저작권,
앤 여왕법

처음 만들어진 저작권법은 무엇일까요? 바로, 1710년 영국에서 만들어진 '앤 여왕법'입니다. 작가의 글과 그림을 마음대로 찍어내고, 사고파는 일을 막기 위해 만들어진 법이지요. 앤 여왕법은 작가가 28년 동안 자신의 작품에 대한 권리를 주장할 수 있도록 도와주었어요. 이에 따라 문학과 예술 분야의 작가들은 걱정 없이 작품 활동을 할 수 있었지요. 작가의 작품이 작가의 재산임을 인정해 주는 **지적 재산권**(현: 지식 재산권) 덕분에 문화는 크게 발전할 수 있었답니다.

여러분도 영화를 볼 때 "저작권에 위배될 수 있습니다."라는 문구를 본 적이 있지요? 이는 몰래 영화를 촬영하거나 사진을 찍어 가는 사람들을 향한 경고 메시지예요. 영화를 몰래 찍어 가는 것을 넘어 **불법 다운로드** 사이트에서 돈을 버는 사람들은 최대 1천만 원의 벌금을 내야 한답니다.

마이클 달의 앤 여왕 초상화

저작권은 영화뿐 아니라 시, 소설, 음악, 미술, 컴퓨터 프로그램 등 다양한 저작물에 대해 창작자가 가지는 권리를 말해요. 동화《마당을 나온 암탉》를 쓴 황선미 작가는 동화에 대한 저작권을 가지고 있지요. 스물다섯 개국에 수출된 **판권**도, 동화를 바탕으로 만들어진 영화의 저작권도 모두 작가에게 있습니다. 동화와 관련된 책이나 영화를 만들고 방송할 수 있는 권리 모두, 동화를

쓴 작가의 것이지요. 현재 저작권은 작가가 죽은 다음 해부터 70년 동안 보호되어요. 내가 만약 《마당을 나온 암탉》의 이야기로 새로운 영상을 만들고 싶다면, 작가에게 일정한 돈, 즉 저작권료를 주어야 하지요.

음악에도 저작권이 있지요. 유명 가수 임영웅의 경우, **음원**으로 벌어들이는 돈이 매달 30억 원쯤 될 거라고 해요. 뮤직비디오 같은 유튜브 영상 조회수로는 10억 원 정도를 벌 수 있을 거라고 짐작되지요. 음원과 유튜브로 벌 수 있는 돈이 눈에 보이자, 저작권에 대한 사람들의 관심이 높아졌습니다. 저작권으로 돈을 벌 수 있도록 이런저런 방법을 생각해 내지요.

이에 따라, 유튜브 채널을 열고 자신이 만든 영상을 올리는 사람들이 많아졌어요. 하지만 많은 수익을 얻는 사람은 얼마되지 않는다고 해요. 허락 없이 영상을 녹화하거나, 불법으로 다운로드하는 사람들 때문에 많은 창작자가 어려움을 겪고 있답니다. 창작자의 권리를 인정해 주지 않는 행동은 창작자의 **매출 손실**로 이어집니다. 매출이 줄어드니 다음 영상에 돈을 들이기 어렵겠지요. **재투자**를 할 수 없게 되는 거예요. 창작자의 영상을 좋아하는 사람들에게도 좋지 않은 소식입니다.

저작권에 엄격하지 않은 나라는 제대로 된 비용을 내지 않은 채, 다른 나라의 영화나 음원을 사용하기도 해요. 이는 국가 사이의 싸움으로 이어지기도 한답니다.

문해력 UP

- **지적 재산권**: '지식 재산권'의 예전 이름으로, 지적 활동으로 발생하는 모든 재산 권리
- **불법 다운로드**: 저작권료를 내지 않거나 저작권자에게 이용 허락을 받지 않은 상태에서 저작권이 있는 정보를 불법적으로 내려받는 행위
- **판권**: 출판권. 어떤 저작물을 인쇄하여 세상에 펴낼 수 있는 권리
- **음원**: 음악이나 음성을 담고 있는 디지털 파일이나 매체
- **매출 손실**: 기업이 예상했던 판매량을 달성하지 못했을 때 발생하는 손해
- **재투자**: 투자한 자산에서 발생한 이익을 다시 투자하는 일

 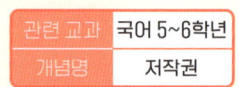

🔍 세계 최초의 저작권법은 언제 만들어졌나요? 지금의 저작권법과 비교해 보아요.

세계 최초의 저작권법은 1710년 영국에서 만들어진 '앤 여왕법'이에요. 작가들이 자신의 작품에 권리를 가지게 되면서, 작품을 발전시키고, 돈을 벌 수 있게 되었지요. 창작자들의 권리를 인정하고 보호하는 계기가 되었답니다.

지금의 저작권도 작품에 대한 창작자의 권리를 인정합니다. 차이점이 있다면, 지금은 **수많은 미디어와 작품 분야**가 있다는 거예요. 현재의 저작권법은 작품을 바탕으로 한 영화, 기념품에 대한 권리까지 보호해 주지요. 이는 우리나라를 넘어 세계에까지 적용된답니다.

🔍 창작자의 작품을 허락 없이 사용하는 경우, 어떤 문제가 생기게 될까요?

창작자의 작품을 허락 없이 사용하는 것은 법에 어긋나는 행동이에요. 작품에 대한 창작자의 권리를 인정해 주어야 한다는 저작권법을 무시했기 때문이지요. 이러한 일이 계속 일어나면, 창작자는 자신의 노력을 후회할지도 몰라요. 창작 활동을 할 의욕이 생기지 않을 수도 있고요. 우리가 즐기는 영화, 드라마, 책, 음악 등을 오래오래 즐기고 싶다면, 꼭 저작권법을 따라야겠지요.

생각의 힘

한국 문화의 인기가 높아질수록 한국 콘텐츠를 불법으로 다운로드할 수 있는 사이트가 늘어나고 있어요. 해외 서버와 도메인을 사용해 경찰이 범인을 찾기 어렵게 하는 등, 수법도 다양해지고 있어요. 정부는 사건에 심각성을 느끼고, 창작자의 저작권을 인정하고 보호하는 문화를 퍼트리기 위해, 웹툰이나 음원을 직접 구매하고 인증하면 상품을 제공하는 '내돈내산' 캠페인을 진행하기도 해요. 무엇보다 불법을 저지른 사람들을 강력히 처벌하는 것이 중요하겠습니다.

> 최근 미국 저작권청은 인공지능으로 생성한 콘텐츠에도 사람의 생각이나 품이 들어갔거나, 사람이 편집한 경우 저작권법의 보호를 받을 수 있다고 말했어요.

정보가
돈이 된대요!

  2011년 미국의 유명 잡지 〈타임〉에 자극적인 제목의 기사가 실렸어요. "Your data for Sale." 당신의 정보가 팔리고 있다는 말이지요. 기사에는 기업들이 우리 모르게 우리의 개인 정보를 모으고, 사고판다는 이야기가 담겨 있었어요. 몇몇 IT 기업을 중심으로 정보로 돈을 버는 시대가 열린 것이지요.

  옛날에도 많은 정보를 가진 사람이 돈을 벌 수 있었던 건 마찬가지예요. 농사를 예시로 들어 볼까요? 과일이나 채소를 언제 심어야 하는지, 물은 언제 얼만큼 주어야 하는지 아는 사람

이 그렇지 않은 사람보다 농사를 잘 짓겠지요. 농사에 관한 정보를 가지지 못하면 그만큼 돈을 벌기도 힘들어져요. 이렇게 **정보의 불균형**은 경제적 차이를 만들었습니다.

　인터넷이 발전하면서, 오늘날 우리는 수많은 정보와 함께 살아가게 되었어요. 엄청난 양의 정보를 뜻하는 '**빅 데이터**' 사회가 찾아온 것이지요. 많은 정보를 빠르게 분석해 일을 하는 데에 사용하게 되었어요. 사람들이 무엇을 좋아하고, 필요로 하는지 분석해 적절한 제품과 서비스를 전달할 수 있게 되었답니다. 기업들은 이를 통해 더 많은 고객을 끌어당겨 돈을 벌 수 있었어요.

　빅 데이터로 많은 돈을 번 회사는 어디일까요? 쇼핑몰 아마존은 고객의 검색 기록, 장바구니, **구매 이력** 등을 조사해 고객이 좋아할 만한 물건과 광고를 보여 주기 시작했습니다. 사람들은 자신의 취향에 맞는 물건을 편하게 구매했지요. 고객의 **구매율**이 높아지자, 아마존은 많은 돈을 벌게 되었어요. 카카오 택시도 빅 데이터를 활용해 사람들이 언제, 어디에서 택시를 자주 부르는지 분석했어요. 분석 결과를 바탕으로 가장 많은 돈을 벌 수 있는 **수익 모델**을 만들었지요. 세계적인 택시 서비스 우버도 같은 전략을 사용했답니다.

우리 친구들과 가장 가까운 빅 데이터 기업은 어디일까요? 바로 유튜브랍니다. 유튜브는 세계적인 동영상 공유 사이트지요. 유튜브는 사람들이 어떤 동영상을 얼마나 오래 보는지, 또 어떤 때에 좋아요와 구독 버튼을 누르는지 살펴, 사람들이 좋아할 만한 영상과 광고를 추천해 준답니다. 광고에 알맞는 나이, 성별, 취향의 사람들에게 광고를 보여줄 수 있으니 광고 회사들도 만족하지요.

빅 데이터를 자주 사용하는 회사들은 자신이 가진 정보로 많은 사람에게 만족감과 즐거움을 줍니다. 이에 따라 많은 돈을 벌게 되었지요. 그래서 **우리가 살고 있는 시대를 '데이터 경제 시대'**라고 부르기도 한답니다.

엄청난 양의 정보는 계속해서 쌓이고 있어요. 자신의 정보를 보호하고, 쏟아지는 정보를 잘 활용하려면 어떻게 해야 할까요? 앞으로는 나의 정보를 의미하는 마이 데이터(My Data)를 잘 살펴보아야 한다고 해요. **마이 데이터란, 내가 가진 정보를 잘 정리해 더욱 편리하게 돈 관리를 할 수 있도록 돕는 서비스**예요. 정보로 돈을 버는 시대가 찾아온 만큼, 자신이 가진 정보를 지키기 위한 개인 정보 관련 법도 더욱 중요해지겠습니다.

문해력 UP

- **정보의 불균형**: 정보를 쉽게 접할 수 있는 자와 그렇지 못한 자 사이에서 일어나는 경제적, 사회적 차이
- **빅 데이터**: 엄청난 양의 정보(데이터)로 구성된 정보 모음
- **구매 이력**: 소비자가 과거에 구매한 상품이나 서비스의 기록
- **구매율**: 특정 상품이나 서비스를 소비자가 구매한 비율
- **수익 모델**: 기업이 어떻게 수익을 내는지, 최고 수익은 어떻게 얻어낸 것인지 설명한 것

 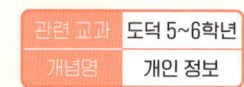

여러분의 유튜브에는 어떤 광고가 나오나요? 광고에 나오는 물건을 가지고 싶었던 적이 있나요?

유튜브는 검색 기록, 시청 기록 등 사용자의 관심사를 살펴 사용자가 마음에 들어 할 만한 광고를 보여줍니다. 어린이 친구들에게는 장난감, 브랜드 신발 등을 주로 보여 줍니다. 반면에 건강에 관심이 많은 어른에게는 건강 식품, 병원 등이 광고로 나타나지요.

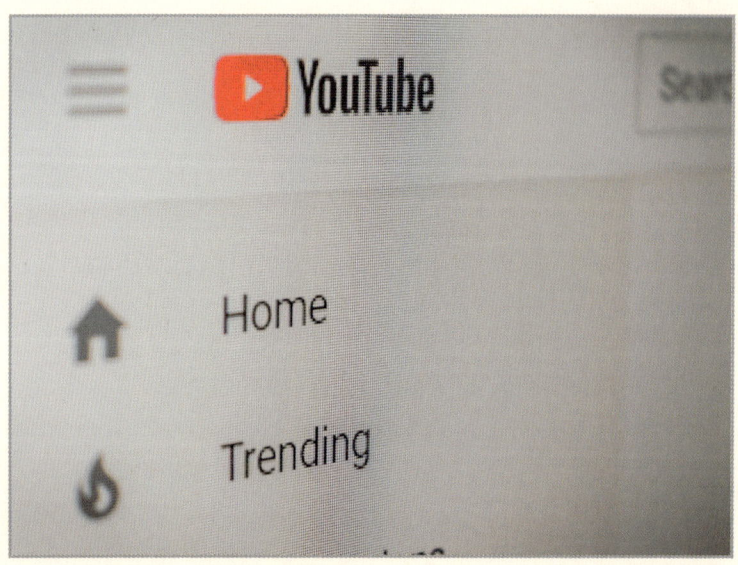

정보로 돈을 버는 모습은 어떻게 변화해 왔을까요?

지금과 비교하면 옛날에는 정보의 수가 적었지요. 얼마나 많은 물건이 팔렸는지 확인하려면, 직접 남은 물건을 세어 종이에 기록해야 했어요. 설문 조사를 통해 사람들이 어떤 물건을 좋아하는지 살폈고, 이 정보를 모아 물건 판매 전략으로 사용했지요.

최근에는 훨씬 더 다양하게 정보를 활용합니다. 빅 데이터와 인공 지능으로 사용자에게 딱 맞는 물건을 추천하고 구매로 이어지도록 하지요.

생각의 힘

아까 정보가 돈이 되는 시대라고 말했지요? 그런데 이를 나쁘게 사용하는 사람들도 있어요. 누군가의 개인 정보를 몰래 사고파는 겁니다. 대부분의 나라에는 개인 정보 보호법이 있어요. 남의 개인 정보를 허락 없이 모으거나, 사용하면 벌을 받지요. 유럽 연합에서는 택시 서비스 우버가 운전자의 개인 정보 보호를 소홀히 했다는 이유로 4천 3백억 원의 벌금을 내도록 했어요. 쇼핑몰 아마존에게는 1조 원에 달하는 벌금을 요구하기도 했답니다.

어떤 사이트에 가입하다 보면 '개인 정보 수집 처리'라는 문구를 볼 수 있지요. 소중한 개인 정보를 보호하기 위해, 나의 개인 정보가 어떻게 활용되는지 잘 살펴보아야겠습니다.

어휘 찾아보기

영역

ㄱ

IMF 국제통화기금. 전 세계 경제 문제를 해결하기 위해 만들어진 조직

가성비 '가격 대비 성능의 비율'을 줄인 말. 상품의 가격 이상으로 기대할 수 있는 성능

가심비 가성비뿐 아니라 심리적 만족감까지 채워주는 소비 형태를 의미

각광 많은 사람의 관심 또는 사회적 인기

강경하다 굳세게 버텨 굽히지 않음

강박 신경증 강박 상태에서 헤어 나오지 못해 생기는 증상

개인 정보 개인을 알아볼 수 있는 정보. 이름, 주소, 주민 등록 번호, 전화번호 등

개최 비용 행사나 대회를 개최하는 데에 쓰이는 총 비용

경제적 유인 사람들의 행동이나 선택을 특정 방향으로 움직이는 경제적 원인

경제 협력 경제적 이익을 위해 이루어지는 협력 활동

고리대금업자 고리대금(부당하게 비싼 이자를 받는 돈놀이)을 직업으로 하는 사람

고용 효과 특정 행사나 프로젝트가 일자리 수에 미치는 긍정적인 영향

골든 위크 명절이나 공휴일이 이어져 있는 연휴를 비유적으로 이르는 말
   `유의어` 황금 연휴

공교육 국가가 관리하고 운영하는 학교 교육

공동 구매 여러 명이 모여 단체로 물건 따위를 구매하는 일. 물건을 대량으로 구입함으로써 가격 할인을 받을 수 있음

과태료 의무를 지키지 않거나 질서를 위반한 사람에게 벌로 물게 하는 돈
관광업 관광객에게 물건이나 노동을 제공하는 각종 사업
광고 상품이나 서비스에 대한 정보를 여러 가지 매체를 통하여 소비자에게 널리 알리는 활동
광섬유 빛을 이용해서 정보를 전달할 때 쓰는 빛을 전파하는 가는 유리 섬유
교차로 두 길이 엇갈린 곳. 또는 서로 엇갈린 길
구매율 특정 상품이나 서비스를 소비자가 구매한 비율
구매 이력 소비자가 과거에 구매한 상품이나 서비스의 기록
국력 한 나라가 지닌 정치, 경제, 문화, 군사 따위의 모든 방면에서의 힘
국세 국가가 국민으로부터 거두는 세금
국제 교류 국가 간에 문화나 사상 따위를 서로 통하게 함
극대화 아주 커짐. 또는 아주 크게 함
기부 누군가를 돕기 위하여 돈이나 물건 따위를 대가 없이 내놓음 유의어 기증
기회비용 어떤 선택을 할 때 포기한 대안의 가치
농축산물 농산물과 축산물을 합쳐 부르는 말
다국적 기업 여러 나라에 회사를 거느리고 있으면서 세계적 규모로 물건을 생산하고 판매하는 기업
담보 빌린 돈을 갚지 못할 때를 대비하여 돈을 갚을 의무를 없애기 위해 돈을 빌려준 사람에게 제공하는 것

어휘 찾아보기

대략 대충 어림잡아서

대체재 대신하여 사용할 수 있는 비슷한 두 물품

도시 재생 인구의 증가나 산업 기술의 발달로 도시가 해야 할 일을 제대로 할 수 없게 되어 가는 것을 막고, 변화에 적응할 수 있도록 하는 사업

독립전쟁 다른 나라의 속박으로부터 벗어나 완전한 자주권을 갖기 위해 일으키는 전쟁

독보적 남이 감히 따를 수 없을 정도로 뛰어난 것

등재 일정한 사항을 장부나 대장에 올림

디지털 결제 전자 기기를 통해 상품과 서비스를 구매하는 결제 방식

디플레이션 시장에 화폐량이 줄어들어 물가가 낮아지고 경제 활동이 침체되는 현상

ㄹ

락인 효과 고객이 다른 상품이나 서비스로 옮겨 가지 못하도록 묶어 두는 일

랜드마크 랜드(Land)와 마크(Mark)의 합성어로 지역을 대표하는 독특한 시설이나 자연을 나타내는 말

ㅁ

매매 물건을 사고파는 일

매출 손실 기업이 예상했던 판매량을 달성하지 못했을 때 발생하는 손해

무역 나라와 나라 사이에 서로 물품을 사고파는 일

물가 물건의 값, 상품의 시장 가격

ㅂ

배당금 주식을 가진 사람에게 나눠주는 회사의 이익

백기 항복을 의미하는 흰 깃발

벼락부자 갑자기 된 부자 유의어 졸부

보상 입은 손실이나 손해를 대가로 갚음 유의어 배상, 변상

본사 주가 되는 회사

부과 세금이나 내야 할 의무가 있는 금액을 매겨 부담하게 함

부도 돈을 받기로 한 날짜가 되었는데도 돈을 받지 못하는 일

부지 건물을 세우거나 도로를 만들기 위하여 마련한 땅

부채 남에게 빚을 짐. 또는 그 빚

분산 갈라져 흩어짐. 또는 그렇게 되게 함 유의어 확산

불매운동 어떤 특정한 상품을 사지 않는 일. 보통 그 상품의 제조 국가나 제조업체에 대한 항의나 저항의 뜻을 표시하기 위한 행위 또는 행동

불법 다운로드 저작권료를 내지 않거나 저작권자에게 이용 허락을 받지 않은 상태에서 저작권이 있는정보를 불법적으로 내려받는 행위

불티나다 물건을 내놓기가 무섭게 빨리 팔리거나 없어짐

비효율 들인 노력에 비해 결과가 만족스럽지 못함 반의어 효율

빅 데이터 엄청난 양의 정보(데이터)로 구성된 정보 모음

사금 물가나 물 밑의 모래 또는 자갈 속에 섞인 금

사회 환원 개인, 단체, 기업 따위가 벌어들인 이익을 사회에 돌려주는 일

산업 혁명 기계가 발전하면서 제품을 만드는 데에 더 이상 사람의 손이 필

어휘 찾아보기

요하지 않게 되자, 일자리를 잃은 사람들이 일으킨 일

상부상조 서로서로 도움

상장 회사 사람들이 주식을 사고팔 수 있도록 증권 거래소에 등록한 회사
　반의어 비상장 회사

생존권 사람이 사람으로 사는 데에 필요한 모든 것을 국가에 요구할 수 있는 권리

소유 가지고 있음. 또는 가지고 있는 물건

손해 돈, 재산 등을 잃거나 정신적으로 피해를 입음

수요 어떤 대상을 일정한 가격으로 사려고 하는 욕구

수익 모델 기업이 어떻게 수익을 내는지, 최고 수익은 어떻게 얻어낸 것인지 설명한 것

순도 어떤 물질 가운데에서 주성분인 순물질이 차지하는 비율

슈퍼 엔저 일본 화폐인 엔의 값이 다른 나라 화폐에 비하여 상대적으로 낮아진 현상

스태그플레이션 경기 어려운 와중에도 물가가 계속 오르는 현상

스토브 연료나 전기를 이용해 실내를 따뜻하게 하는 기구

스폰서 행사, 자선 사업 등에 기부금을 내어 돕는 사람이나 단체

시가총액 증권 거래소에 등록된 증권 모두를 그날의 최종 시세로 평가한 금액

시간 점유율 기업이 시장에서 고객의 시간을 차지하는 정도를 나타내는 비율

시세 일정한 시기의 물건 값

시장 점유율 경쟁 시장에서 한 상품의 총 판매량에서 한 기업의 상품 판매량이 차지하는 비율

십시일반 밥 열 술이 한 그릇이 된다는 뜻으로, 여러 사람이 조금씩 힘을 합하면 한 사람을 돕기 쉬움을 의미하는 말

아나바다 '아껴 쓰고 나누어 쓰고 바꾸어 쓰고 다시 쓰다'를 줄여 만든 이름

애물단지 몹시 애를 태우거나 성가시게 구는 물건이나 사람

액면가 화폐의 겉면에 적힌 가격

외화 외국의 돈

우후죽순 비가 온 뒤 여기저기 솟는 죽순이라는 뜻으로, 어떤 일이 한때에 많이 생겨남을 비유적으로 표현한 말

육박 수치나 수준에 바짝 가까이 다가감

음원 음악이나 음성을 담고 있는 디지털 파일이나 매체

이윤 장사 따위를 하여 남은 돈

인사 사회적 지위가 높거나 사회적 활동이 많은 사람

인적 자원 사람의 노동력을 생산 자원의 하나로 이르는 말

인플레이션 시장에 화폐가 너무 많아져 화폐 가치가 떨어지고, 물건의 값이 오르며, 대중의 소득이 감소하는 현상

임금 노동의 대가로 받는 돈 `유의어` 급여, 봉급

임대권 물건을 빌려주는 사람이 가지는 권리. 물건을 빌려 쓰는 사람에게 보

어휘 찾아보기

수 등을 요청할 수 있음

잉여 쓰고 난 후 남은 것 유의어 나머지, 여분, 여유

ㅈ

자긍심 스스로에게 긍지를 가지는 마음

자산 개인이나 법인이 가진 경제적 가치가 있는 재산 유의어 재산, 재물

자선단체 자선 사업을 하기 위하여 설립한 단체. 적십자사 등

자원 인간 생활 및 경제 생산에 이용되는 원료로서의 광물, 산림, 수산물 따위

장려금 어떤 일을 하도록 권하기 위해 도와주는 돈

재단 개인의 이익과 상관없이 재산을 운영하기 위하여 만들어진 단체. 학교 법인, 종교 법인 등

재정 단체나 국가가 재산을 관리하며 사용하는 것, 또는 그 운영 상태

재투자 투자한 자산에서 발생한 이익을 다시 투자하는 일

전략 정치, 경제 따위의 사회적 활동을 하는 데 필요한 꾀나 방법

점주 가게의 주인

정규직 기간을 정하지 않고 정년까지 고용이 보장되는 직위나 직무

정보의 불균형 정보를 쉽게 접할 수 있는 자와 그렇지 못한 자 사이에서 일어나는 경제적, 사회적 차이

정체성 변하지 않는 본질을 깨닫는 성질

조세 확보 정부가 필요한 세금을 얻기 위해 세금을 부과하고 거두어들이는 과정

조세 저항 운동 부과되는 세금에 대한 거부 운동

중계 극장, 경기장, 국회, 사건 현장 등 방송국 밖의 상황을 방송국이 중간에서 연결하여 방송하는 일

지방세 지방 자치 단체가 그 주민에게 물리는 세금

지분 물건이나 재산에서 각자가 가진 몫

지적 재산권 '지식 재산권'의 예전 이름으로, 지적 활동으로 발생하는 모든 재산 권리

착한 소비 제품 생산 과정에서 환경을 오염시키지는 않았는지, 안정성 확인을 위해 동물 실험을 하지는 않았는지 확인하여 해당 사항이 없는 제품을 소비하는 일

창립자 기관이나 단체 따위를 새로 만들어 세운 사람

채굴 땅을 파고 땅속에 묻혀 있는 광물 따위를 캐냄

천문학적 수가 엄청나게 큰 것

첨단 산업 많은 기술을 필요로 하면서 여러 산업에 미치는 영향이 큰 산업

청중 강연이나 이야기, 음악을 듣기 위해 모인 사람들

체결 계약 등을 공식적으로 맺음

출자금 자금으로 낸 돈

출혈 경쟁 손해를 무릅쓰고 하는 경쟁

침체 어떤 현상이나 사물이 나아가지 못하고 제자리에 머무름

어휘 찾아보기

ㅌ

탄소 배출량 건설, 화석 연료 사용 등에 의해 공기 중으로 배출되는 탄소의 양

탄압 권력이나 무력으로 억질로 눌러 꼼짝 못하게 함

통화량 나라 안에서 실제로 쓰고 있는 돈의 양

투구 군인이 전투할 때 적의 화살이나 칼날로부터 머리를 보호하기 위하여 쓰던 쇠로 만든 모자

특용작물 목화처럼 먹는 용도가 아닌 특별한 용도로 쓰이거나, 참깨처럼 가공하여 먹을 수 있는 식물

ㅍ

판권 출판권. 어떤 저작물을 인쇄하여 세상에 펴낼 수 있는 권리

팬데믹 사람들이 면역력을 갖고 있지 않은 질병이 전 세계로 전염, 확산되는 현상

ㅎ

하이퍼 인플레이션 짧은 시간 안에 물가가 심하게 오르는 현상

해상 무역 거래 물품을 선박으로 운송하는 무역

핵가족화 한 쌍의 부부와 미혼의 자녀만으로 구성된 소규모 가족이 많아지는 현상

혁신 묵은 풍속, 관습, 조직, 방법 따위를 완전히 바꾸어서 새롭게 함

현금 없는 사회 현금 대신 디지털 결제 수단과 전자 화폐로 모든 거래가 이루어지는 사회

협업 많은 노동자가 협력하여 계획적으로 노동하는 일 〔유의어〕 합작, 협동

협조 힘을 보태 도움

호황 경기가 좋은 상황으로 대부분의 기업 활동이 좋은 상태
화폐 상품 교환 가치의 기준이자, 상품과 교환할 수 있는 수단
환대 반갑게 맞아 정성껏 후하게 대접함
환전소 돈을 외국 돈이나 소액권 또는 동전 따위로 바꾸어 주는 곳
활자 금속 윗면에 문자나 기호를 볼록 튀어나오게 새긴 것
희소성 많은 사람이 필요로 해 모두가 가질 수 없는 자원의 상태

읽으면 똑똑해지는 지식교양 시리즈 ❶
초등학생을 위한 박학다식 이야기
경제

초판 1쇄 인쇄　2025년 3월 5일
초판 1쇄 발행　2025년 3월 31일

지은이　　　김선
펴낸이　　　정용철

편집　　　　이민애, 강시현, 박혜빈
디자인　　　Heeya

영업·마케팅　이성수, 권지은, 윤현주, 정황규
경영지원　　김상길, 김나현

종이　　　　월드페이퍼
인쇄　　　　영신사

펴낸곳　　　㈜좋은생각사람들
주소　　　　서울시 마포구 월드컵북로22 영준빌딩 2층
이메일　　　book@positive.co.kr
출판등록　　2004년 8월 4일 제2004-000184호

ISBN　　　979-11-93300-41-1 (74030)
　　　　　　979-11-93300-09-1 (세트)

• 책값은 뒤표지에 표시되어 있습니다.
• 이 책의 내용을 재사용하려면 반드시 저작권자와 (주)좋은생각사람들 양측의 서면 동의를 받아야 합니다.
• 잘못 만들어진 책은 구입하신 곳에서 바꿔 드립니다.

좋은생각은 긍정, 희망, 사랑, 위로, 즐거움을 불어넣는 책을 만듭니다.
positivebook_child　　www.positive.co.kr